INNOVATION & CHALLENGE

ミケル・アルテタ　アーセナルの革新と挑戦

Author

Charles Watts

Translator

Kouhei Yuuki

Takuma Yamanaka

Heibonsha

© Imago/Shutterstock

01 アルテタは15歳の時にバルセロナの下部組織ラ・マシアの門を叩き、そこでペペ・レイナ、ビクトル・バルデス、アンドレス・イニエスタ、そしてカルレス・プジョルらと出会った。その後アルテタはトップチームでの出場機会を求め、2002年に退団した

02 2014年5月17日、ウェンブリー・スタジアムでFAカップ決勝戦が開催され、アーセナルが3-2でハル・シティに勝利し、9季ぶりのタイトルを獲得した。このとき、アルテタはアーセナルのキャプテンを務めていた

03 約3年におよぶマンチェスター・シティでのコーチとしての経験を積み、2019年にウナイ・エメリの後任としてアーセナルに“復帰”した。その1年半前、アーセナルはアルテタの監督候補に挙げていたが最終的に断念していた

04 （写真上・右）

2020年8月1日、フランク・ランパード率いるチェルシーとFAカップ決勝で対戦。ピエール・エメリク・オーバメヤンの2ゴールでアーセナルはチェルシーを2-1で下し、アーセナルが優勝した。アルテタにとって監督として初めての優勝で、アーセナルにとっては14度目のトロフィーの獲得となった

05

2014年11月27日、エミレーツ・スタジアムで開催されたチャンピオンズリーグにアルテタはスタメンで出場し、ボルシアドルトムントに在籍していたオーバメヤンと対戦した。試合は2-0でアーセナルが勝利した

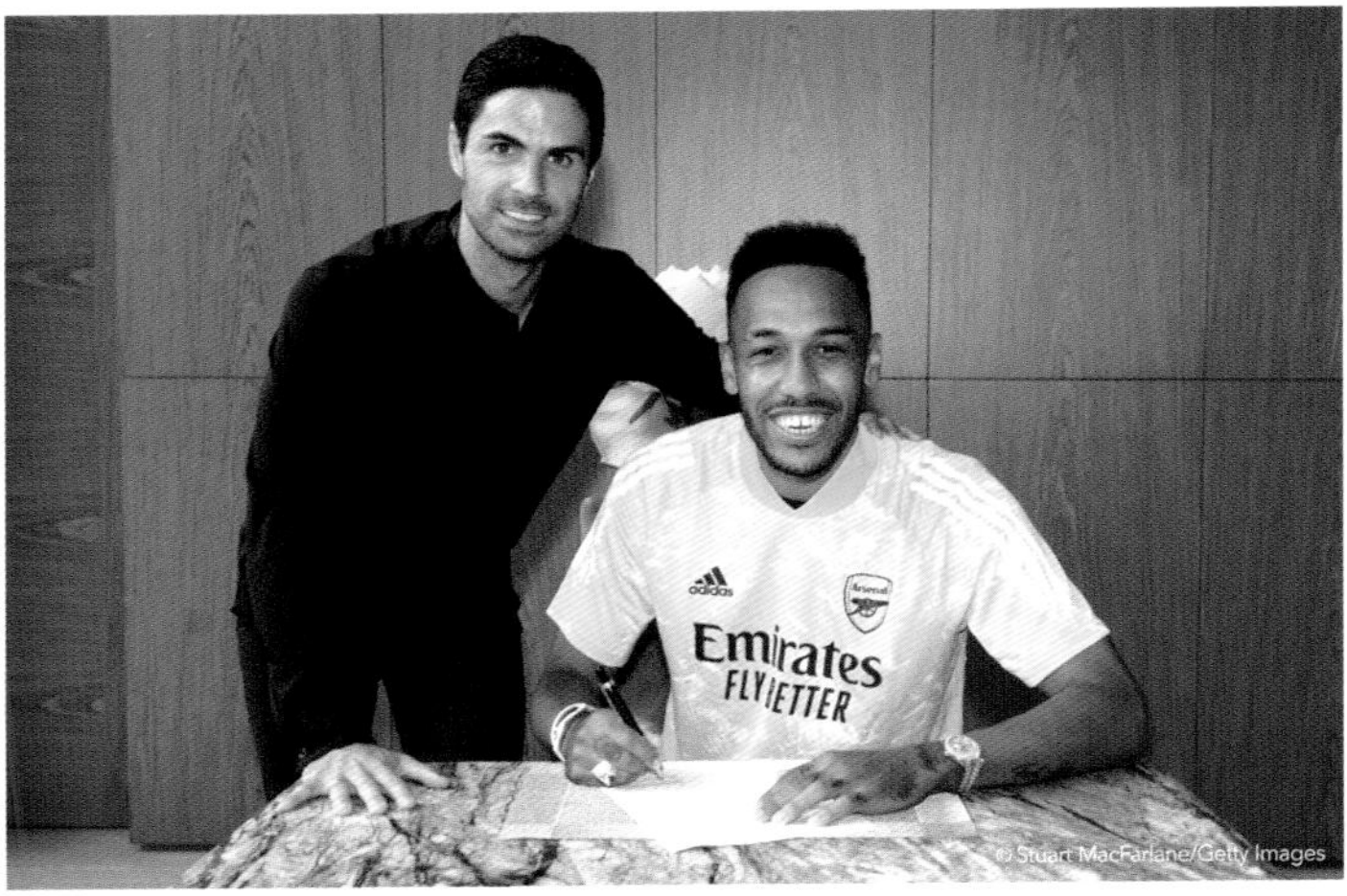

06

2019-20シーズン中の2020年9月にオーバメヤンはアーセナルとの３年間の契約延長を正式に合意した。アルテタはストライカーの残留説得に大きな役割を果たした

07 2021年3月15日、ジョゼ・モウリーニョ率いるトッテナムを2-1で破り、セドリック・ソアレスと喜ぶアルテタ。この試合はオーバメヤンが遅刻してベンチに下がった試合だった

08 2021-22シーズン開幕節（8月13日）、アーセナルはブレントフォードに0-2という結果で惨敗。アルテタ率いるチームは、新型コロナウイルスの感染拡大によってスカッドを十分に用意することができないという壊滅的な打撃を受けていた

09 2021年8月28日に行われたマンチェスター・シティとの試合で前半35分に退場処分を受けたグラニト・ジャカ。アーセナルはシティの圧倒的な総合力に屈し、0-5の大敗を喫し、最下位に沈んだ

10 2021-22シーズンのスタートは悲惨な内容だったが、新戦力の加入で勢いづいたアーセナルは、トップ4入りを目指して快進撃を続けた。アルテタはこのシーズン中、9月と３月に２度にわたって月間最優秀監督賞を受賞した

© Eddie Keogh/Getty Images

11　ブカヨ・サカは、アルテタ率いる新生アーセナルのスター選手の一人。2018年11月にトップチームに加入してわずか数年で世界的なスーパースターへと変貌を遂げた

© David Price/Getty Images

12　2023年1月22日にエミレーツで行われたマンチェスター・ユナイテッド戦では、エディ・エンケティアが終了間際に決勝点を決め、3-2でユナイテッドを下した。この試合は2022-23シーズン中でも特に印象深い試合の一つとなった

13 2022-23シーズンのフラム戦でアーセナルは3-0で勝利した。前半47分にキャプテンのマルティン・ウーデゴールが得点を決めた。アルテタはウーデゴールのリーダーシップを評価している

ミケル・アルテタ
MIKEL ARTETA

アーセナルの革新と挑戦

著
チャールズ・ワッツ
訳
結城康平
山中拓磨

平凡社

目次

CONTENTS

第2章
新しい夜明け
［2019-2020年］

リスペクト
［2020−2021年］

第3章

125

第4章

革新への信頼

［2021–2022年］

第5章

情熱

［2022－2023年］

271

序章

ある金曜日、ミケル・アルテタはシーズン最後から2回目のトレーニングセッションをロンドン・コルニー[1]で終えたところだった。前の週末にはノッティンガム・フォレストに0−1で敗戦し、プレミアリーグ優勝の可能性は潰えていた。マンチェスター・シティが再びチャンピオンになり、アルテタは哲学的な気分に浸っていた。シーズンの大半で、アーセナルは首位を独走していた。しかしゴールが近づくにつれ、執拗に追ってくるシティの圧力に屈してしまったのだ。

2004年以来となるリーグ優勝がアーセナルの手から滑り落ちてしまったことで、ありありと深い失望が感じられた。しかし、その失望感の中には誇らしい気持ちもあったはずだ。アーセナルは2022−23シーズン、多くの人々を驚かせた。人々はアーセナルがタイトルに挑戦することを期待していなかったし、ましてやシーズンの大半で首位をキープすることなど誰も予想していなかった。しかしアルテタが率いるエネルギッシュな若いチームは、アーセナルのサポーターに再び夢を見るべき理由を与えたのだ。

1 コルニー ロンドンのコルニー地区に位置しているアーセナルの練習場の愛称

長い期間、停滞していたクラブにアルテタは新たな活力をもたらした。アルテタはロンドン・コルニーのメディアルームにて開かれたシーズン最後の記者会見で、記者から「アーセナルの2022-23シーズンを要約する言葉」を尋ねられ、しばらくの間思索に耽った。20秒ほど経過しただろうか。

「おそらく、『Connection（繋がり）』だろう」

と返答し、次のように続けた。

「チームが繋がり、クラブが繋がり、クラブの各部門が繋がった。サポーター、チームやクラブ、オーナー、そして世界中の人々と繋がった。私たちはクラブのDNA、自分たちが誰であるかを示す価値観、そしてチームとしての方針と繋がった。この状態を続けていかなければならない」

20秒間待つ価値がある答えだった。アーセナルはタイトル争いでシティに屈したが、シーズン全体を追いかけてきた人ならば、アルテタの言葉の一つひとつに想いを強く実感しただろう。分断が続いた数年の後、クラブは再び一体感を取り戻したのだ。明確な方針、新鮮なアイデア、そして観客の気持ちを高揚させるサッカー……。アーセナルは2022-23シーズンに26勝し、84ポイントを獲得した。これはプレミアリーグが始まってから、アーセナルにとっては歴代3番目の快挙となる数字だ。そして88得点というゴール数は（シーズンが38試合制となって以降では）、歴代最多となった。それでも最終的に19年間待ち続けていたリーグタイトルを獲得することはできなかった。しかし、このシーズンは経験した者にとって、決して忘れることのできない「旅路」となった。

この「旅路」には、数々の記憶に残る瞬間があった。私は2006年にエミレーツ・スタジアムが竣工してから、ほとんどすべての試合をこのスタジアムで観戦してきたが、ボーンマス戦の絶望的ともいえる終盤に、リース・ネルソンが決めた劇的なゴールの後に体感したことは、これまでこのスタジアムでは経験したことのないものだった。その時の歓声、チームの一体感とエネルギーは、アルテタが築いたチームをまさに象徴していた。

しかし、ネルソンのゴールだけではなかった。ノース・ロンドンの宿敵であるトッテナムに対するホームとアウェイ両方での勝利、マンチェスター・ユナイテッドに対するエディ・エンケティアのゴール、そしてヴィラ・パーク[2]で終盤に2ゴールを決めた素晴らしい逆転劇……。同じような歓喜の瞬間は他にも多くあった。

2 **ヴィラ・パーク**　バーミンガム中部のアストンにあるアストン・ヴィラのホームスタジアム

トロフィーは手に入らなかったが、2022−23シーズンは「眠っていた巨人が目を覚ました」という感覚で終了した。エミレーツ・スタジアムには潑剌とした空気が蘇り、ハイベリー[3]から移転して以来、最高の雰囲気がシーズン全体を通して広がっていた。アルテタは2019年、ウナイ・エメリの後任としてアーセナルの監督に就任する際にファンとの関係を再構築する必要性について語っており、その約束を果たしてきた。

アーセナルのサポーターグループであるREDaction[4]（レッドアクション）のレイモンド・ハーリヒーは、「私たちは『応援しがいのあるチームに変えてほしい』と常に伝えてきた」と述べていた。そしてこう続けた。

「今は本当にそれを感じており、サポーターもチームを信じている。サカやラムズデール、ホワイトといった選手たちは、本当に共感できる存在だ。また、ジャカの復活やサリバの加入もあった。そしてミケル。彼がどれだけ熱心で、どれだけチームにすべてを懸けているか、どれだけチームを気にかけているかが伝わってくる。われわれはタッチラインでの、彼のエネルギッシュな姿勢を愛している」

アーセナルがタイトルを逃したとき、アルテタはひどく打ちのめされた。シーズ

3 **ハイベリー**　アーセナルの旧ホームグラウンド。2006年まで、ホームスタジアムとして使用されていた。

4 **REDaction**　現地観戦に訪れるファンが中心となって、スタジアムの雰囲気の向上を目標に掲げるアーセナルのサポーター団体

ン終盤でのノッティンガム・フォレスト戦の痛ましい敗北の後、彼は翌日マンチェスター・シティとチェルシーとの試合を観るか観ないか、苦渋の決断を迫られていた。彼は90分間、座って試合を観る気分ではなかった。それでもアルテタは、「イルカイ・ギュンドアンがトロフィーを持ち上げる姿を目に焼き付けた」

と私に話した。

アルテタは過去に自らが所属したチームがタイトル獲得を祝っているのを喜んでいたわけではなく、そのタイトルをエミレーツ・スタジアムに取り返したいと願っていた。だからこそ、その悔しさでさらに自分を追い込もうとしていたのだ。「それこそが、私が望むことだ」とアルテタは私に告げた。

「私たちは皆、共に旅をしている。さらに良くなる必要があり、最高を目指している。そのためには、改善しなければならない。求められるレベルは上がるだろうし、それに対応するために準備する必要がある」

この強烈な向上心こそ、アルテタの意欲を駆り立てるものだ。彼の周りにいると、それを実感する。2022–23シーズンは、アーセナルにとっての到達点ではない。実際には、それは始まりに過ぎないはずだ。クラブには、達成されたことを基盤として進んでいく決意がある。

ジョシュ・クロエンケ[5]はアーセナルの最終ホームゲーム、対ウルブス[6]戦をテクニカルディレクターのエドゥ[7]と一緒に、ディレクターズボックスに座って観戦していた。試合終了後、2人は選手たちやアルテタに話しかけるためにロッカールームに入った。そして次の2023–24シーズンの計画について議論するために再びディレクターズボックスに戻っていった。

アーセナルには停滞するつもりがないことは周知のとおりで、アルテタはそれを許さない監督だ。彼はクラブ全体の基準を引き上げ、サポーターたちが再び信じるに値するチームをつくった。それを象徴したのがシーズン最終戦のウルブス戦だった。その日、エミレーツ・スタジアムに向かうとき、私はどのような試合になるか予想できなかった。ブライトン戦とノッティンガム・フォレスト戦での敗北は厳しいもので、チームの雰囲気は沈んでしまうかと思っていた。しかし、ホロウェイ・ロードの地下鉄駅からスタジアムへと向かうなか、そうではないことがわかった。雰囲気はお祝いムードに満ちていた。悲願のタイトル獲得は阻まれてしまったが、集まったサポーターたちは楽しんでいた。それは歓喜の日となった。

「私たちはこのサッカークラブの魂と、再び繋がった。このサッカークラブの魂

5 ジョシュ・クロエンケ アーセナルのオーナーであるスタン・クロエンケの息子。複数のスポーツクラブを保有する父に代わって、アーセナルでは副会長として、実質的なオーナーに近い権限を持っている

6 ウルブス ウォルバーハンプトン・ワンダラーズの愛称だが、公式サイトなどでもこちらの名称が用いられることが多い

7 エドゥ 2001–2005年にかけてプレーした元アーセナル／ブラジル代表の選手で、ブラジルサッカー協会での役職等を経て2019年にアーセナル史上初のテクニカルディレクターに就任（現在はスポーティングディレクターを務めている）

はあなたたちだ」

とアルテタは試合後にファンに伝えた。この言葉がアルテタにとって、どれだけの意味を持つのかは明白だった。そしてサポーターたちが彼のチャントを歌ったとき、彼は涙を抑えきれなかった。後にアルテタは私たちにこう語った。

「私も人間で、感情がある」

さらにこう続けた。

「あらゆることが起きていろいろと心が揺さぶられる特別なシーズンだった。サポーターと再び繋がること、これこそ私が目指してきたことだ。それを達成したことを本当に誇らしく思っている」

アルテタがアーセナルにやって来たとき、彼は崩壊寸前のチームと進むべき道を見失った上層部、革新が必要な状態を目にした。クラブにはアイデンティティを取り戻し、変化を起こす人物が必要だった。アルテタはそれにふさわしい時期に、適切な人物として抜擢されたのだった。それは簡単な道ではなかった。これから本書で紐解いていくように、その過程にはいくつもの非常に困難な瞬間があった。

2019年12月にクロエンケ一家と会談したときに打ち出した最初の計画から、今もなお、彼は一度もその道を外れていない。そしてその計画は、まだ終わっていない。実際にアルテタ自身が予定よりも早く前進していて、この先の行方を期待してほしいと明言している。アーセナルは短期間ながらも長い道のりを歩んできた。しかし、その挑戦はまだ始まったばかりだ。

CHAPTER 1

献身

［2019年以前］

エミレーツでの現役引退

ミケル・アルテタは、涙を抑えることができなかった。5月15日、アーセナルはエミレーツ・スタジアムで強い日差しの中、アストン・ヴィラと対戦した2015–16シーズンの最終試合を4–0で終わらせた。当時アーセン・ベンゲルが指揮していたアーセナルは、ライバルのトッテナムから2位の座を奪い取ったばかりで、お祝いムードに沸いていた。そのシーズンは、レスター・シティの快挙が世界を驚かせ、アーセナルは21シーズン連続で北ロンドンのライバルよりも上の順位で最終日を迎えることができたのだった。

しかしアルテタにとって、アストン・ヴィラ戦は単なるシーズン最後の試合ではなかった。この試合をもって彼の選手としてのキャリアに終止符を打つことになっていたからだった。アルテタはすでに34歳になっており、キャリア最後の2年は膝や足首などの複数の怪我にも苦しみ、もう十分にプレーしたのではないかと感じていた。また、複数のチームからコーチとしてのオファーも届くようになり、現役を退く時が来たことを知っていた。その5年前の2011年にアルテタを北ロンドンに連れてきた張本人でもあるベンゲルは、アルテタが彼のアーセナルでのキャリアに相応しい賞賛をサポーターから受けられるよう、彼を出場させることを決め、チームのキャプテンのための花道を用意していたのであった。

アルテタがアレクシス・サンチェスの折り返しに飛び込んでアーセナルの4点目となるゴールを叩き込んだとき、スタジアムの雰囲気は最高潮に達した。実に最高の瞬間だった。彼のシュートはバーに当たり、最終的にヴィラのキーパーであるマーク・バンが防ぎきれずにゴールとなったが、その日のエミレーツにいたすべての人々にとって、それは紛れもなくアルテタのゴールだった。ベンゲルはキャプテンを称えるために、まるで父親のように誇らしげな笑顔で席を立った。そしてアルテタは仲間の手でノース・ロンドンの空に高く舞い上がり、空に向かって拳を突き上げた。

すべてが終わった。17年前に始まった、アルテタのプロサッカー選手としてのキャリアはこの瞬間に終わった。アルテタは込み上げてくる感情を抑えることができず、現役最後となるホイッスルの音が、彼の涙腺を完全に崩壊させた。溢れ出てくる涙をこらえようとしても、涙はとめどなく出てきた。アルテタは感情豊かな人物である。エミレーツでの晴れた午後に開催された現役最後の試合において、誰の目にもそのように映った。

アルテタは心の奥底で引退する時期が近づいているということを感じていた。判断力は相変わらず鋭かったが、フィジカルはアーセナルのようなトップクラブの要求に追いつけなくなっていた。

「このクラブでプレーするためには、あるポジションでチーム最高の選手でなければならない。それを成し得なくなったとき、この場所から離れるべきだと思う。このクラブでプレーするためには、80％ではなく、100％でなければならない。100％のパフォーマンスができなくなったらこのチームには相応しくない」

と、アルテタは試合後にアーセナルの公式サイトのインタビューで語った。

エヴァートンからアーセナルへ

アルテタは2011年にエヴァートンからアーセナルに加入し、5年間を過ごした。その間、150試合に出場し、2014年と2015年にはFAカップでの連覇に貢献した。アルテタはアーセナルの動乱期にチームに合流した。ベンゲルによる体制が16年目に突入しようとしていた時期で、その動向は常に注目の的だった。そのちょうど5年前の2006年にハイベリーからエミレーツ・スタジアムへと本拠地を移転していた。多くの人が「わが故郷」と呼ぶスタジアムを去ることは胸が張り裂けるようだったが、クラブの上層部は外国からの投資がプレミアリーグに流入する中で、エミレーツへの移動こそがクラブの競争力を維持するために必要だと確信していた。

しかしアルテタが加入した2011年当時、アーセナルはすでに競争力を失い、サポーターたちは不満を募らせていた。アルテタはそんな混沌とした雰囲気の中、アーセナルにやって来た4人の選手のうちの一人だった。

2011年の夏、セスク・ファブレガスがバルセロナへと去り、サミール・ナスリがマンチェスター・シティに加わっていた。雰囲気は悪く、不満の声も聞こえ、多くのアーセナルファンが変化を望んでいた。ベンゲルの退陣を求める声も少なくはなかった。

アーセナルはその安定性を誇りにしていたクラブだったが、2011年の夏は安定という言葉から遠ざかっていた。実際にアルテタとアーセナルとの契約にまつわる諸々のエピソードは、当時エミレーツを取り巻いていた混乱を見事に象徴している。アルテタとの契約が交わされる数日前のオールド・トラッフォード[8]での壊滅的な敗北は補強の必要性を浮き彫りにしたが、時間は刻一刻と迫っていた。アーセナルは夏の移籍市場の残り48時間で、アルテタ、ペア・メルテザッカー、ヨッシ・ベナヨン、パク・チュヨン、アンドレ・サントスの5人の選手たちを獲得するに至った。この怒濤ともいえる獲得劇の中心にいたのはディック・ロー。アーセナルの主席契約交渉担当者であり、ベンゲルが信頼を寄せる男だった。ローはその当時をこう話している。

「その夏、私たちは25回の交渉を行った。選手の放出、加入のいずれかだ。最も課題が多かったのは、間違いなくミケルの獲得だった」

　当時、アルテタはエヴァートンの主力選手だった。彼は6年間をグディソン・パーク[9]で過ごし、プレミアリーグで最も安定したミッドフィルダーの一人として評価を確立していた。そのため、移籍期間の最終日にエヴァートンから彼を引き抜くのはかなり難しいことだった。実際、交渉の過程でアルテタの獲得は実現不可能なのではないかと疑われる時もあった。

8 オールド・トラッフォード　マンチェスター・ユナイテッドのホームスタジアム。収容人数は7万人を超え、クラブ保有のサッカースタジアムとしてはイングランド最大

9 グディソン・パーク　エヴァートンのホームスタジアム

アーセナルで最高経営責任者を務めていたイヴァン・ガジディスがこの交渉を主導しており、エヴァートンの会長であるビル・ケンライトからは「アルテタは移籍しない」と再三にわたって伝えられていた。移籍最終日の正午には、ついに契約が破談になった。

「ビルからは反発を受けることはわかっていた。そのような状況では、無理に押し通す選択肢と、エヴァートンへの敬意を示すために一歩引くという選択肢があった。そして、当時の私たちは一歩引くことにした」

とローは後に振り返っている。しかし、途中からアルテタが交渉に関与することになる。

「どのように、そして何時だったか不明だが、午後12時から午後6時の間に、ミケルはすべてを知った。それが、ドラマが始まった時だった」

自宅にいたアルテタは、すぐにエヴァートンのトレーニンググラウンドに向かい、監督のデイヴィッド・モイーズのオフィスに直行した。アルテタはアーセナルとの移籍交渉について尋ね、モイーズがアーセナルから連絡を受けたことを伝えると、「移籍を望んでいる」と主張した。この情報を耳にしたケンライトは「激怒した」が、最終的には取引に同意した。しかし、移籍市場が閉まるまでの残りわずかな時間にやるべきことが山積していた。時間がなかったため、メディカルチェックはエヴァートンの医療チームからの情報を信じるしかなかった。アルテタが2年前に十字靭帯の怪我を負っていたことを考えると、アルテタの獲得は、アーセナルにとって「賭け」でしかなかった。

しかし、アーセナルはそのリスクを受け入れた。

「選手がメディカルチェックを受けずにサインした初のケースだった」

と、当時アーセナルのトップチームの理学療法士であったコリン・ルインは回顧している。「同じ日に2人の新選手の加入でも困難なのに、4人なんて信じられるかい？ 私と医師は走り回りながら選手に問診表を記入させ、血液検査などの作業に奔走していた。メディアやクラブスタッフは結果をいち早く知りたがり、時間だけが過ぎていった。ディックが『加入選手が増えるかもしれない』と言っていたことを覚えているが、その後にミケルの獲得が発表された。私たちはエヴァートンのスタッフに頼んでスキャンやMRIを行うことを提案しギャリー・オドリスコル[10]と私はエヴァートンのスタッフと話し合った。彼らはデータや、ミケルが行っていたリハビリの情報を送ってくれた。彼は毎週90分プレーしていた

10 ギャリー・オドリスコル
当時のアーセナルのクラブドクターで、オーバメヤンがバルセロナ移籍を最初に打ち明けた人物であるなど、選手ともよい関係性を築いていた。現在は故郷のマンチェスターに戻り、マンチェスター・ユナイテッドでドクターを務める

ので、コンディションはそれほど悪くはないと感じていた」

最後に「障害」となったのは、その契約自体だった。通常はじっくりと時間をかけてボーナスや条項に合意するが、期限が刻々と迫っていたため、アーセナルもアルテタも契約内容の検討にかける余裕がなかった。

「ミケルはそれらにすべて駆け足でサインをしたよ。さらにミケルは『ボーナスは忘れてくれ、これが私の望む給与だ』とクラブに提案し、これが移籍のプロセスを非常にシンプルなものにしてくれた。『ボーナスのスケジュールは後で決めていい』と言ってくれたわけだからね」

すべての手続きが、なんとか時間内に完了した。それは奇跡だった。アルテタの決意と理解力が、それを可能にしたのだった。


アルテタと親密に働いてきた人たちや彼を知っている人たちにとって、彼のそうした言動は何も驚くべきことではないだろう。常にベストを尽くそうとする姿勢は、彼の成功には欠かせない要素だった。ローはこう述べている。

「ミケルの性格で驚くべきことがあるなら、それは意志の強さだ。普通の選手であれば『最善を尽くしたが、1年間はエヴァートンに残留する』と言っただろう。ミケルはそれを望まなかった」

2011年の移籍市場における最後の48時間は、アーセナルにとってはその名のとおり、駆け引きが行われ、惨憺《さんたん》たるシーズン序盤戦を経験したクラブの緊急補強だと考えられていた。しかし、ローは今でもそれに反論している。彼はアルテタの獲得が計画されていなかったことこそ認めているが、それはパニックバイ[11]ではなかったと主張している。

「臨機応変に対応できた。チャンスが巡ってきて、私たちはそのチャンスを摑んだ。この時の決断が正しかったことは、その後の歴史が証明してくれている」

プロとしての矜持、真摯な姿勢

当時、誰もがアルテタがアーセナルにどれほど大きな影響を与えるかを予測できなかった。彼が加入した時、状況は難しいものだった。アルテタはエヴァートンでは自身の価値を証明していたが、ファブレガスとナスリという2人の主力を

11 パニックバイ　移籍市場期間中にクラブの成績が急降下したり、衝撃的な敗戦を喫した際に、もともとの予定になかったような選手獲得を衝動的に行うこと

失ったばかりのアーセナルに加入することになったのだ。アルテタは前者の代役を務めると見られており、この役目は大きなプレッシャーがかかるものだった。アルテタは良い選手だったが、彼より5歳も若く、世界でも有数なクリエイティブなタレントであるファブレガスと同じタイプの選手というわけではなかった。

ベンゲル自身が「最も混乱した」と表現した夏にチームに加入してから、アルテタは自身と同郷の天才MFの退団が残した穴を埋めるため、困難に立ち向かっていった。2014年にハル・シティを倒してウェンブリー[12]でFAカップを獲得し、チームが9年ぶりにトロフィーを手に入れた日にアルテタはキャプテンを務めていた。アルテタの名前は、クラブの長い歴史の中でプレーした偉大な選手たちと同じように記憶されることはないかもしれないが、彼の功績を忘れてはならない。

そして彼は尊敬される人物だった。しかし誰とも仲良くなれるような、人当たりの良い人物というわけではなかった。私は2022年の夏、ジャック・ウィルシャーと他の数人のジャーナリストと一緒に座っていた。それはウィルシャーがアーセナルのU-18チームでコーチングの仕事を与えられる前のことだった。彼は

12 **ウェンブリー** ロンドン北西部に位置する欧州最大級のサッカー専用スタジアム。イングランド代表の試合とFAカップの準決勝や決勝などが開催される

直前までデンマークのAGFでプレーしており、将来についての話をしていた。その時、アルテタとウィルシャーがどのようなチームメイトだったのかが話題になり、

「私は悪戯が好きな若者で、アルテタは監督のお気に入りだった」

とウィルシャーは述べた。

多くの人々もアルテタをそのように認識していた。彼は決して嫌われていたわけではない。彼は単に自分のサッカーを真剣に受け止めていたのだ。その基準は高く、アルテタは誰もがその高い水準に達することを望んでいた。

アルテタの監督としての資質は、選手時代からすでに周囲の人も認めるほどよく表れていた。エマニュエル・フリンポンはアルテタがアーセナルに加入したときにトップチームでプレーしていた。

「ミケルは模範的で、チームをリードする選手だった。あまり話さなかったが、間違っていると感じることをした選手には『こうするべきだ』と伝えていた。当時、私は彼をうるさい奴だと思っていた。私は自分が思うようにやりたかったが、ミケルは『違う、このようにストレッチすべきだ』というようにアドバイス

をしてくることが多かった。彼は実にプロフェッショナルで、チームを助けるためにベストを尽くすことを望んでいた。そして、いつも真剣で、勝つことが大好きだった。トレーニングに対しても全力で打ち込み、トレーニングの前後はいつもジムにいて、ストレッチを欠かさず、アイスバス[13]にも入っていた。彼は、自分の技術を磨くことに専念していた」

とフリンポンは「GOAL」に語っている。

プロフェッショナリズムとサッカーに対する真摯な姿勢こそが、アルテタの特徴だった。彼は監督としてもそれら両方を持っており、選手だったときも同じだった。2011年にアルテタがアーセナルに加入した時、アーセナルにはチームを整え、物事を落ち着かせる人物が必要だった。ベンゲルはファブレガスの創造性こそ代替できないと知っていたが、当時のチームが必要としていた「物事を落ち着かせるコントロール力と経験を提供できる選手」を連れてくることに成功した。アルテタはその期待に応え、チームを安定させた。決して目立つことはなかったが、そこにいるだけで存在感を発揮し、チームメイトたちからは尊敬されていた。そんなチームメイトの一人がバカリ・サニャだった。4年間アーセナル

13 **アイスバス**　冷水浸漬法（CWI）という水療法の一種。疲労を最小限に抑え、運動後のリカバリープロセスを促進させるために行われる。CWIではたいてい水温15℃以下の風呂やプールに浸かる

に在籍していたフランス代表DFは、アルテタとの親交を深めた。彼らはプライベートでも共に時間を過ごすことも多く、サニャはよくサンティ・カソルラやアンドレ・サントスと一緒にアルテタの家でヨーロッパのサッカーを観戦していた。

「彼は生活をチームに捧げ、ピッチ上だけでなく、選手たちを取り巻くすべてにも関わっていた。常にチームが良い雰囲気になるように気を配っていたんだ。キャプテンとしてチームをまとめることができたし、ピッチの外でも良い関係を築くことの重要性を理解していた。選手とその家族のためにディナーをたびたび企画することもあった。彼はチームの成功のためには、チームメイト間の関係性も良好でなくてはならないと分かっていたのだ。『ピッチ上で友達である必要はない』と言う人もいるが、私はそれには懐疑的だ。あと10％の力が必要なときには、社会性と感情面が重要になるからだ。もし友達が苦しんでいるのを見たとき、良好な関係があれば助けようとするだろう。そうでなければ、余計なことはしない。それが友達なら、違う。その人のために何とかしたいと思う。それこそが、チーム内の雰囲気が良いことが重要である理由で、ミケルもそれを理解していた。彼は素晴らしい人間であり、素晴らしい選手だった」

と、サニャが話したように、アーセナルの舞台裏でのアルテタの存在は非常に大きなものであった。

ベンゲルの〝兵士〟として

監督との関係も良好だったアルテタをトーマス・ヴェルマーレンの後任としてアーセナルのキャプテンに任命するのは、ベンゲルにとって自然な流れだった。当時副キャプテンを務めていたアルテタは、怪我による離脱が増えていたヴェルマーレンに代わってキャプテンマークを巻く機会も多くなっていた。さらにアルテタとベンゲルは波長が合い、ロンドン・コルニーで何時間も一緒になって戦術や試合の哲学について討論する場面もよくみられた。

「ミケルは、アーセンの〝兵士〟だった。ベンゲルがチームに自分の意見を伝えたいとき、それを伝えるのはアルテタだった。アルテタのトレーニングの方法論、彼の献身性、プロとしての姿勢に、ベンゲルはとても感心していた。彼は夜遅くまで練習に励み、パーティーに行くこともなかった。クラブでの最後の2年間、怪我の問題でプレー時間が制限されていたのにもかかわらず、アルテタは毎日トレーニンググラウンドに最初に到着し、最後まで残ることが多かった」

とサニャが話すようにアルテタはアーセナルに欠かせない選手となっていた。

そしてベンゲルもそのアルテタについて、2015年の記者会見でこのように述べている。

「ミケルはプレーしていないときでも、チームに大きな影響を与えている。彼は本当に真面目だ。毎朝練習開始の2時間前には準備をしている。実に正しい姿勢だ。彼はプレーせずとも、その振る舞い、そしてすべてが正しい状態にあるように気を配ることで、チームに大きな影響を与えている。申し分のない経験を有し、皆から尊敬されていた」

一方で、アルテタのサッカーに対する姿勢はチーム全体に必ずしも受け入れられているとは言えなかった。エマニュエル・フリンポンが話していたように、チームメイトの中には彼との付き合いが難しいと感じる選手もいただろう。彼は自分の基準を持っており、それに達していないと感じた際には、躊躇せずにそのことをチームメイトに伝えていた。ジャック・ウィルシャーがアルテタを「監督のお気に入り」と表現したのは、半分は冗談だったかもしれないが、彼をそのように見なす人もいた。しかし、多くのチームメイトにとって彼は人気のあるキャプテンであり、好意的に受け入れられていた。

「ミケルは私が見た中でも、最高のプロの一人だった」

とサニャは言う。

「彼はチームを世話し、チームの状況を真剣に受け止めていた。若い選手たちは経験豊富な選手から学ばなければならない、それは事実だ。年上の選手は経験豊富で、多くのことを知っている。ジャック（・ウィルシャー）はミケルが加入したときには期待の若手で、イングランド代表にも選ばれていた。ミケルはジャックのことを世界で最も優れた才能を持った若手の一人だと考えていたし、まだ若い選手にとって気を散らさず、集中を維持することは難しいことだと知っていたので、とりわけ気を遣っていた。ミケルは、ジャックの兄のような役割を果たそうとしていたのだと思う。だから正直でなければならず、ときには真実を包み隠さず言わなければならなかった。しかし、それはジャックだけでなく、私たち全員に対しても同じだったよ。彼はベテラン選手であり、私たちのためになることを伝えなければならなかった。そして何らかの不満があれば、それを伝えることが求められていた。私はミケルから『君は優しすぎる、話すことが足りない。もっと主張する必要がある』と言われ続けてきた。これこそが、アーセンがミケルを獲得した理由だろう。なぜなら私たちには、経験豊富な選手が不足していたからね」

指導者の道を模索した現役最後の2年間

2014年のFAカップ優勝は、選手時代のアルテタにとって最高の瞬間だった。ハル・シティとの息もつかせぬ白熱した決勝戦では、ベンゲルのチームが2点ビハインドから逆転し、アーロン・ラムジーの劇的なゴールによって3–2で勝利した。その勝利の後、クラブには安堵した雰囲気が漂っていた。アルテタにとっても、スコットランドでプレーしていた時期を除けば初めてのタイトルだった。と同時に、選手として終わりに近づき始めた時期で迎えた頂点だった。怪我のため、翌シーズンは11試合、2015–16シーズンは13試合という出場にとどまっており、ついに引退の決断を下すことになる。

アルテタにとって、現役最後の2年間は難しいものだった。彼は以前のレベルには戻れないことを知っており、それは自分自身と周りの人々に常に最善を求める彼にとっては過酷な現実だった。しかし、ピッチから離れた時間があったことで、彼はゆっくりと指導者の道へと意識を切り替えていった。

アルテタと共にプレーした選手たちに尋ねれば、口を揃えて「彼は監督になる運命にあった」と言うはずだ。彼は戦術的に考え、その相手がベンゲルかデイヴィッド・モイーズか、あるいはアレックス・マクリーシュかにかかわらず質問をし、学ぶことに貪欲だった。マクリーシュはアルテタが2002年にスコットランドのレンジャーズへと移籍した際の監督で、彼こそがミケル・アルテタを英国へと呼び寄せた張本人である。私は2018年にアルテタがウナイ・エメリと並んでアーセナルの新監督候補として挙がっていたときに、少しマクリーシュと話す機会があった。マクリーシュはスコットランドにやってきた当初はどこか「臆病な少年」のようにも見えたアルテタが、若い外国人選手でありながらいかに素早くロッカールームで大きな影響力を持つようになったかを語った。
「彼はあらゆることを吸収し、リーダーとしての責任を果たしていた。私はその時点で、彼が大きな野心を持っていると知っていた」

マンチェスター・シティのコーチに就任

その野心によって、アルテタは選手からコーチへとキャリアチェンジをした。選手としてのキャリアの最後の2年間、彼はコーチングの資格を取得するために多くの時間を費やした。２０１5年に彼はウェールズサッカー協会のＵＥＦＡＡライセンスコース受講をスタートし、その一環として定期的にアーセナルのユーステームのトレーニングを指導していた。

彼が当時指導した選手の一人が、クラブのヘイルエンド・アカデミー[14]で頭角を現していたリース・ネルソンだった。アルテタの個別トレーニングは彼にとっても印象深いものだったようだ。ネルソンは２０２3年に、「The Athletic」のインタビューで次のように語っている。

「12から13歳頃、ミケルは僕のコーチだった。その時まだ僕は少年だったが、それでもミケルは素晴らしいコーチになるだろうと思ったよ。他にもコーチはいたが、ミケルほど僕らと向き合ってくれるコーチはいなかった。彼は一対一のトレーニングを担当してくれたコーチの一人だったが、そのときは『ディフェンダーに

14 **ヘイルエンド・アカデミー** U9～U21までの世代がプレーする、アーセナルの育成機関。ロンドンのヘイル・エンドというエリアにあるため、ヘイルエンドと名付けられた

近づき過ぎたときは、こっちの足を使うんだ』とか、『体の外側を使って、このように動いたほうが良い』というような細かいアドバイスをしてくれた」

2015―16シーズンの終了が近づくにつれ、アルテタが選手としてのキャリアに終止符を打ち、指導者として本格的なステップを踏み出すのではないかという噂が広まっていった。その頃、ペップ・グアルディオラはマンチェスター・シティで監督に就任した直後で、アルテタをスタッフに加えたいと考えていた。また、アルテタがパリ・サンジェルマンで一緒にプレーしたことのあるマウリシオ・ポチェッティーノも、トッテナムに加わらないかと提案していた。そしてアーセナルでも、チームの一員としてアルテタを残すべきでないかという内部の議論があり、アカデミーのスタッフに彼を配置するか、またはベンゲルのトップチームのスタッフとしてポジションを新たに作ることが検討されていた。

アルテタはベンゲルとの協議を重ねながら検討したが、最終的にベンゲルは「アーセナルとの結びつきを断ち切り、新たな場所でキャリアをスタートすること」がアルテタのキャリアにとって最良だと判断し、「成長するためには、どこか別の場所に行く必要がある」と告げた。ディック・ローは私に「アーセンはミケルに多くのものを与えたが、ここでノーと言ったことが最も大きなアドバイスだったのではないか。アーセンはミケルの成長を考えたとき、一度アーセナルを離れる必要があることを知っていたのだろう。ミケルは賢明な人物だし、彼がトッテナムに行くことを選ぶはずがないのもわかっていた。われわれは、おそらく彼はシティへ行くのだろう、と思った」

と語った。

2016年7月3日、アーセナルでの最後の試合からわずか3週間後、実際にその通りになり、アルテタはアシスタントコーチとしてグアルディオラのスタッフに加わった。アルテタとグアルディオラの関係は、よく知られているところだ。バルセロナの有名なラ・マシアというユースシステムで育ったアルテタは、バルセロナのトップチームで輝かしいキャリアを築いていたグアルディオラを崇拝していた。両者がミッドフィルダーであることから、時折、2人の選手を比較する声があった。アルテタはそれに苦しむことも多かったが、それでも彼は自身のヒーローであるグアルディオラを尊敬し続けるのを止めなかった。

アルテタとグアルディオラ、その出会い

アルテタが16歳の時、プレシーズンのフレンドリーマッチでグアルディオラとプレーしたことがあった。試合後にグアルディオラは10代の青年を呼び止め、そのパフォーマンスについて長く、そしてありとあらゆることまで議論した。

「グアルディオラは同じポジションでプレーする世界トップレベルの選手で、彼以上の先生はいなかった」

グアルディオラはバルセロナで選手として輝きを放ち、アルテタはプロとしてのキャリアをパリ・サンジェルマンでスタートさせた。スペインとフランス、別の国にいても互いに連絡を取り続け、グアルディオラはアルテタがゲームを理解する力を高く評価していた。2012年に自身が監督として率いるバルセロナがチェルシーと対戦した際には、アーセナルに1年前に加入したばかりのアルテタに対し、試合前にアドバイスを求めたほどだった。さらにグアルディオラはアルテタにコーチングスタッフとしてチームに加わらないかという話を持ちかけたが、この時アルテタはまだまだ選手としてプレーできると感じていたため、この

申し出を断った。それはグアルディオラがいかに彼のことを評価していたかを象徴していた。

アルテタとグアルディオラは今もなお、バルセロナに受け継がれるサッカー観を共有している。1988年、偉大なヨハン・クライフ[15]がバルセロナのBチームでプレーしている17歳のグアルディオラを初めて見つけたとき、彼はすぐにトップチームに昇格させ、グアルディオラを中心選手に抜擢した。グアルディオラが主軸となったドリームチームは、バルセロナの歴史で初となるUEFAチャンピオンズリーグのタイトルを獲得し、4連覇でリーガ・エスパニョーラを席巻した。クライフはグアルディオラの指導者キャリアに常に大きく影響を与えており、アルテタも同様だった。

グアルディオラとは異なり、アルテタはクライフのチームでプレーしたことはない。しかし、ラ・マシアで育った彼は、クライフの哲学を幼少期から学んできた。「BT Sport」のインタビューで「初めて好きになった選手は誰ですか？」と尋ねられた際、アルテタは「私の場合は選手ではなく、監督だった。ヨハン・クライフがどのようにドリームチームを組織したかというところに、興味を持った」

15 **ヨハン・クライフ** 1960～70年代にかけてアヤックス、バルセロナ、オランダ代表で活躍した二度のバロンドール受賞経験のある名選手。現役引退後は監督として、現役時代自身がプレーしたオランダ代表の代名詞であった、流動的なポジショニングと全員攻撃全員守備を特徴とするトータルフットボールを進化させた攻撃的なサッカーを武器に、アヤックスとバルセロナで一時代を築いた

と答えている。

アルテタはマンチェスター・シティに加わってから1年後、UEFAプロライセンスを取得した。アルテタと共にティエリ・アンリ[16]とフレディ・ユングベリ[17]もライセンス講習に参加していた。シティはマヌエル・ペジェグリーニの後任としてグアルディオラを迎えるために多額の資金を投じており、シティには大きな期待が寄せられていた。シティの一員として加わることはアルテタにとっても、大きなステップとなった。数か月前まで彼は妻のロレーナ・ベルナルと3人の息子、ガブリエル、ダニエル、オリバーと共にロサンゼルスに移る予定であり、妻は女優としてのキャリアを積む予定だった。しかし、グアルディオラからの電話がすべてを変えた。ロレーナと子どもたちは予定通りにロサンゼルスに渡ったが、アルテタはマンチェスターに向かうことになった。

アルテタもシティも転機を迎えていた。4年越しでグアルディオラの招聘に成功したシティの首脳陣は、4位に終わった前シーズンのスカッドを刷新することを目指した。1億7000万ポンド以上を投下し、ガブリエウ・ジェズスとオレクサンドル・ジンチェンコ、イルカイ・ギュンドアン、レロイ・サネ、ノリー

16 ティエリ・アンリ　プレミアリーグ史上最高のストライカーとの呼び声も高い、アーセナルの伝説的FW。2003－06年の3季連続を含め、通算4度得点王に輝いた

17 フレディ・ユングベリ　アーセン・ベンゲル体制でのアーセナルの黄金時代を支えたスウェーデン代表アタッカー。アーセナルでは46点を挙げ、その後は指導者としてアーセナルのユースチームの監督としても高い評価を得た

ト、クラウディオ・ブラボを獲得した。ジョン・ストーンズもエヴァートンから4750万ポンドで加わり、当時のプレミアリーグ史上「最も高価なディフェンダー」となった。

投じた資金の規模、そしてグアルディオラを迎えたことで、2016-17シーズンのマンチェスター・シティには多くの期待が寄せられていた。しかし、最初の6試合を連勝したチームは、徐々に勢いを失った。1月にはエヴァートンに0-4で敗れたことで、バイエルンやバルセロナでの成功の実績があるグアルディオラでもプレミアリーグでの成功は厳しいのではと疑問視する声も上がるようになった。最終的に2016-17シーズンは3位でフィニッシュし、無冠に終わった。しかし、チーム内部には懸念はなかった。グアルディオラと彼のコーチングスタッフが自分たちのプレースタイルを選手たちに浸透させ、選手たちが何が求められているかを本当に理解するには、時間が必要だと考えられていた。またアルテタにとっても、そのシーズンは短期間で多くのことを学んだ時期だった。

スターリングらを指導

シティのコーチ就任時点でアルテタに指導者としての実績が全くなかったことを考えれば、選手たちからアルテタの資質を疑問視する声が上がってもおかしくはなかった。だが、実際には全くそのようなことは起こらなかった。アルテタがシティにやってくるその2年前、同じようにアーセナルを離れてシティに加入したばかりだったバカリ・サニャは、アルテタがコーチとしてやってきた当初をこのようにふりかえっている。

「ミケルはすぐにチームに馴染んだ。彼は選手時代から、皆に尊敬されていた。私たちは選手としてのアルテタを知っていたので、戦術的に賢く、自分がなすべきことを理解している人間だと感じた。彼はコーチの役割に完璧にフィットしていたと思う。ただ、マンチェスターでずっと一人きりで暮らすのは大変だっただろう。家族に会えず、特に子どもたちに会うことができなかったのはつらいことだったただろう。『選手でいるのと、コーチは違う。オフィスで多くの時間を過ごし、レポートを作成し、分析しなければならない』とアルテタは言っていた。しかし、彼はコーチとしての仕事を献身的にこなしており、明らかにそれが実を結んでいた」

サニャはアルテタが新しい役割に適応していく姿に感銘を受けたが、元チームメイトだったアルテタがシティのコーチングスタッフに加わることは、複雑でもあった。彼らはロンドンに住んでいた時期、定期的に会っていた。彼らは友人であり、チームメイトだったが、突然アルテタがコーチになったことには戸惑うこともあった。

「慣れるまで時間がかかったよ。ミケルは私の上司であり、コーチになった。これまでの関係性を忘れる必要があり、初めてのことだったので、最初はどう振る舞えばいいのか、わからなかった。一緒にいるとき、彼に話しかけても大丈夫なのか、悩むこともあった。正直、居心地の悪い状況だった。誰にとっても難しい状況だったと思う」

とサニャは認めている。

アルテタは、マンチェスターでの最初のシーズンは多くの個人トレーニングを担当していた。グアルディオラが主要なトレーニングセッションを指導し、戦術的な最終決定を行う一方で、アルテタは選手と一対一で時間をかけて向き合い、特にアタッカーを成長させる役割を任された。グアルディオラが何らかの理由でトレーニングを指導できないときは、アルテタが代役を務めることもあった。

「ペップは彼に、全幅の信頼を寄せていた」とサニャは語っている。

ラヒーム・スターリングは、マンチェスター・シティで「アルテタの指導によって大きな成長を遂げた」選手の一人だ。スターリングは２０１５年にリバプールから移籍してきたが、パフォーマンスは不安定だった。エティハド[18]でのデビューシーズンの得点数は11にとどまったが、２０１７–18シーズンは、アルテタと共にゴール前でのシュート精度を中心にトレーニングしたことで、23得点に倍増したのだ。翌シーズンは25得点を決めたスターリングにとって、アルテタとのトレーニングは選手としてのキャリアを一変させるものだった。

グアルディオラは、この改善はアルテタによる個人トレーニングの直接的な成果だと考えていた。２０１７年の11月に、

「ラヒームは、ゴールを決めることを楽しんでいる。彼は怖がっていない。今、彼は得点をすることがどれだけ楽しいかを理解し、それに集中している。ミケルはトレーニングセッションの後に、ラヒームのフィニッシュのトレーニングをサ

18 **エティハド・スタジアム**
マンチェスター・シティのホームスタジアム

ポートしている」

とグアルディオラはコメントしている。

アーセナルの監督候補に挙がる

グアルディオラの1シーズン目はそれこそ少々期待外れだったかもしれないが、その後マンチェスター・シティはプレミアリーグを支配する存在になった。2017–18シーズンには38試合中32試合に勝利し、イングランド1部で初となる「勝ち点100」を達成した。リーグを制覇した彼らは翌シーズンもタイトルを守り、FAカップとリーグカップも獲得し、国内3冠を成し遂げた最初のチームとなった。マンチェスター・シティはかつてない全盛期を迎えていた。一方でアーセナルは、そこまで順調ではなかった。2017–18シーズンをもってベンゲルの22年間にわたる指揮が終わりを告げ、1996年以来久しぶりにクラブは新しい監督を探すことになっていた。

監督候補のリストには、2年前にチームを離れたばかりのアルテタの名も含まれていた。アルテタは指導者としての経験こそ乏しかったが、最有力候補と思われていた。当時のＣＥＯ（最高経営責任者）であったイヴァン・ガジディスと、サッカーディレクターとしてバルセロナから着任したラウール・サンジェイは、その難しい選択について議論を続けた。夏の初めに、クラブから出てくる情報は、すべてが順調に進展していることを示唆しており、シティ側も覚悟を決めていた。

「もしもミケルがアーセナルからのオファーを受けていて、彼の頭の中に監督就任という選択肢があるのであれば、行かないでくれというつもりはないよ。私は友のために最善を望むし、彼は私の友達だ。彼が行くことを決めたのであれば、私はとても悲しいが、彼の決断を尊重する。彼には彼のキャリアや人生、そして家族があるのだから」

とグアルディオラも腹をくくっていた。

しかし、監督就任の公式発表が迫っていると思われた最後の最後で、アーセナルは主にアルテタの指導者としての経験不足を理由に考えを変えた。これはアルテタにとっても驚きであった。彼はすでに一緒に働くコーチングチームを組み始めていたのだ。多くの候補者がベンゲルの後任監督の選定過程で、アーセナルと協議を行ったと報じられていた。パトリック・ヴィエラはその一人であり、他にもマッシモ・アッレグリやルイス・エンリケなどが含まれていた。しかし、突如としてウナイ・エメリがアーセナルの新監督として任命されることになったのである。これはメディアとファンにとって、予想していない人選だった。今この時代においてこのようにメディアに情報が漏洩《ろうえい》せずに、事が運ばれるのはかなり珍しいことだ。私はエミレーツ・スタジアムの記者会見室に座って、エメリの名が公式に発表されるのを待っていた。セビージャとパリ・サンジェルマンの元監督であるエメリは、ガジディスと共に歩みながら、満足そうな顔をして椅子に座った。

「今日、アーセナルFCの新しい監督として、ウナイ・エメリの就任を発表できることを本当に嬉しく思っている」

　とガジディスは口火を切った。さらにこう続けた。

「これは皆さんにとって驚きだったかもしれないし、記事をいくつか書き直す必要があったかもしれない。だが、以前言った通り、本当のことを知っている者は何も話さないし、逆に話をする者は真実を知らない、ということだ」

　ガジディスは、流暢に話をする男だった。耳ざわりの良い言葉を並べることには長けていたが、残念ながら、それを裏付ける結果をアーセナルでのキャリアを通して残せなかった。監督就任の機会を逃したことにアルテタは落胆したかもしれないが、シティでのコーチングキャリアが順調に進み、ドメネク・トレントがニューヨーク・レッドブルズへと去ったことに伴ってアシスタントコーチに昇進したことは、アーセナルの監督に関する一件を受け入れるのを少しは楽にしてくれたことだろう。

ウナイ・エメリの解任

アーセナルが再びアルテタに監督就任を打診するまでに、そう時間はかからなかった。エメリ率いるアーセナルが、順調とはほど遠かったからだ。悪くないスタートを切った新チームだったが、シーズンの終わりには調子が狂い始めた。最後の5試合でわずか1勝にとどまり、チェルシーと対戦したヨーロッパリーグの決勝では4–1の敗北。トッテナムにわずか1ポイント差で、4位を逃すことになった。クラブには暗雲が漂っていた。そして翌シーズン最初の数か月で、エメリのアーセナルが長続きしないことは明らかになっていた。

サッカーそのものの内容が悪く、結果はそれよりもさらに悪く、ファンはスタジアムから遠ざかることが多くなっていた。エメリの退任は、避けられないものに感じられた。私はそのシーズンの終盤、アーセナルがアイントラハト・フランクフルトとエミレーツで戦う前日、トレーニンググラウンドで取材していた。UEFAの大会はプレミアリーグの試合とは異なり、試合前に15分だけジャーナリストはトレーニングセッションを見ることができる。通常、それは全く無駄な時間だ。監督はトレーニングの内容という機密情報を秘匿しようとするので、基本的にはメディアが去ってから本当のトレーニングをスタートするからだ。しかし、その日は違った。

アーセナルの選手たちが重い足取りでトレーニングに向かう様子を見るだけで、チームがどれだけ崩れてしまったのか、そのことが目に見えて伝わってきたのであった。エメリは戦術ボードを手に一人で立っており、選手たちは彼を気にする素振りすらほとんど見せなかった。私が目にしたのは、アーセナルでの時間がもはや残されていないことを悟った男の姿だった。そしてフランクフルト戦は1−2で敗戦。7試合連続未勝利で、フランクフルト戦に勝っていてもエメリの解任は避けられないものだった。エメリを解雇するという決定は、この試合のキックオフのはるか前に下されていた。

ラウール・サンジェイとマネージングディレクターのヴィナイ・ヴェンカテシャム[19]は前週のプレミアリーグでサウサンプトンと2―2で引き分けた後、スタン・クロエンケとその息子ジョシュに会うためにアメリカへと飛んだ。その訪問は事前に計画されていたが、エメリの去就が話題の中心となり、サンジェイとヴェンカテッシャムは彼を解雇することを提案した。その時点までエメリを支持し続けていたクロエンケ家も同意し、正式にその決定が下された。ただし、サンジェイとヴェンカテシャムがロンドンに戻ったタイミングではエメリにその決定を知らせず、木曜日の夜のフランクフルト戦を指揮させた。彼は翌朝ロンドン・コルニーに到着したときにそのニュースを知ることになり、クラブはすでに後任探しに着手していた。候補者数名との協議が行われたが、今度こそアルテタを迎えようとしていた。協議はわりと手早く進められたが、トラブルもあった。呆れたことに、ヴェンカテシャムと契約交渉者のハス・ファーミー[20]が早朝にアルテタの自宅から出てくる写真が撮影されてしまったのだ。これらの写真はソーシャルメディア上で拡散され、翌日新聞に大々的に掲載されてしまい、マンチェスター・シティを

19 ヴィナイ・ヴェンカテシャム　三井物産やデロイト勤務を経て、ロンドンオリンピックに携わったのちにアーセナルに入社、そのまま内部昇格でCEOにまで上り詰めた生え抜きのエリート社員

20 ハス・ファーミー　ロースクール出身で、チームイネオス（自転車競技チーム）から引き抜かれたアーセナルにおける選手獲得時の交渉などに置ける法務のスペシャリスト。現在はクラブを去っている

苛立たせた。

「そこまでリスペクトを欠いたとは思っていない。シティとアルテタの強い関係を考慮し、アーセナルはシティを尊重しながら、透明性を重視しながら交渉を進めた」とサンジェイは後に弁明している。18か月前にはギリギリの段階でエメリに決定した監督の座を、アルテタは今回こそは手に入れたいと告げた。そして、アーセナルもアルテタに任せることに同意した。上層部が抱いていた経験不足に対する疑念を払拭したのが、面接中に披露した彼のプレゼンテーションだった。彼らはアルテタが語ったチームと将来のビジョンに感銘を受けたのであった。

アーセナルのヘッドコーチに就任

2019年12月20日、アルテタは正式にアーセナルのヘッドコーチ[21]に任命された。私はその日エミレーツでの、就任会見に参加した。会見中のアルテタの姿勢は素晴らしく、また話しぶりやその内容は、惨めなシーズンを過ごしたサポーターにとって期待を抱かせるものだった。会見でアルテタは次のように語った。

21 **ヘッドコーチ** ヘッドコーチ、マネージャー共に日本語では監督と訳されるが、ヘッドコーチは戦術面や選手起用など、主にピッ

「この挑戦のために数年間準備をしてきた。アーセナルに寄せられる期待、レベル、地位、そしてこのクラブに相応しい結果もわかっているつもりだ。私はそれを受けて立つ準備がある」

記者会見後、リラックスした雰囲気でアルテタとサンジェイと話をする機会を得た。私はサンジェイに、その前の年にアルテタを見送った決定を後悔しているかどうか尋ねた。「いいえ」と彼は否定した上で、

「私は過去を振り返るのが好きではない。未来を見るのが好きだ。私たちは持っていた情報を元に決定したが、後悔していない。当時も今も、われわれは確信を持って決定している」

と語った。

アルテタの就任と共にメディアが最も話題にしたのが、メスト・エジルについてだった。メスト・エジルはドイツ代表のスーパースターでチーム一の高給取りとして知られる選手だったが、エメリのチームではそれに見合うパフォーマンスを出せていなかった。アルテタ体制となってもそれは続くのではないかと予想されており、「アルテタは、エジルを再び輝かせられるのか」という点にメディア

チ上の事象に関しての決定をし、その責任を負う一方で、マネージャーは補強戦略の策定や予算管理など、より広範囲にわたる業務を担当することが多い。伝統的にイングランドではアレックス・ファーガソンやアーセン・ベンゲルのようなマネージャータイプの監督が多くみられたが、現代ではクラブ規模の拡大に伴ってイングランド以外の欧州でよくみられるヘッドコーチ型の監督を任命するクラブも増えている。この時のアーセナルも、アーセン・ベンゲル以降の監督のことをヘッドコーチと呼んでいた

は注目していた。2人はほんの数年前までチームメイト同士という関係で、アルテタがシティでキャリアを成功させた一方で、エジルはアーセナルでくすぶっていた。エジルについてアルテタは、

「彼はこのクラブにとって、重要な選手だ。私は彼とチームのためにプレーしたことがあるし、チームに何を与えられるかを知っている。彼の最高のパフォーマンスを引き出すのが私の仕事だ」

とコメントした。

就任会見は、エジルを取り巻く騒動がそう簡単には収まりそうにはないことも示していた。このエジルの問題は、アルテタがアーセナルを再建させるために取り組まなければならない課題の一つだった。私はこの会見から、クラブは「自らが望むものをきちんと把握している人物」を監督に招聘したのだという印象を受けた。アーセナルの再建は大仕事だが、アルテタはそれを受け入れる能力があると感じていた。選手としてのキャリアを終え、エミレーツを後にしてから3年半が経っていた。2016年のアストン・ヴィラ戦での勝利の後、彼はピッチから控室に向かう際、妻に「いつか監督になってここに戻る」と誓った。そしてそのときは予想よりも早く訪れた。

CHAPTER

2

新しい夜明け

［2019−2020年］

チームとして一つになることを目指す

アルテタが最初の記者会見で伝えたメッセージは、明快だった。彼は自身が数年前に離れたクラブが、何かを失ったことに気づいていた。光は消え、希望が失われていた。彼には、それを取り戻すという大役が与えられた。皮肉なことに、マンチェスター・シティのアシスタントコーチとしての最後の試合はアーセナル戦だった。そこで彼はアーセナルの低調なパフォーマンスだけではなく、全体の雰囲気も含めた現状がどのようなものであるかを理解することができた。何千もの空席が散見される静寂なエミレーツ・スタジアムでマンチェスター・シティは0―3で勝利した。

「先週ここで、何が起こっているかを感じたとき、少し気分が滅入った。パフォーマンスだけでなく、かつて私がこの場所にいたときに感じられた雰囲気もエネルギーも失われていた。胸が締め付けられるような想いだった。サポーターが成功を知り、タイトルを争うことに慣れていることは知っている。しかし今、チームの状況は受け入れ難いものになっている。手を貸してほしい。私たちにはサポーターが必要だ。私たちはサポーターと対話する必要があるし、振る舞いや意図を通して、自分たちが何をクラブにもたらしたいと考えているかを伝えなくてはならない。それしか方法はない。私たちは互いに支え合うような関係性であるべきだ。そうすれば再び絆を感じることができるようになる。そして、それはとても強い力を持つものなのだ」

とアルテタは記者会見で正直に話した。

この記者会見は非常に印象深く記憶に残っている。エメリの大きなマイナス面の一つとして、彼のコミュニケーションスキルが十分ではなかったことが挙げられる。それは彼自身の問題ではなかった。彼はクラブに在籍している間に英語力を向上させるために全力を尽くしていた。しかし、英語力の不足は選手、メディア、ファンとの関係に時としてどうしてもネガティブな影響を与えていた。実際、エメリはメッセージを伝えようとするとき、十分なインパクトを持って伝えるのに苦労していたのだ。しかしアルテタがアーセナルにやってきて、すぐにそれは変わった。彼のメッセージは、この上なく明白だったからだ。彼は誰もが協力し、一つのチームになることを望んでいた。そしてそれが、アーセナルを復活させる唯一の方法だと信じていた。

アルテタは就任が発表された当日の朝、ロンドン・コルニーで選手たちと初めて対面したが、あえて彼らとコミュニケーションを取りすぎることを避けた。エメリの解雇に伴いフレディ・ユングベリが暫定監督として指揮を執り、翌日のエヴァートン戦の準備をしていたこともあり、試合の前に選手たちの心を乱したくなかったからだ。個々のパフォーマンスにおいて求めることを端的に伝え、残りはユングベリに任せた。しかし、アルテタは記者会見をうまく利用することで選手たちにメッセージを送った。マージーサイド[22]のホテルで選手たちがテレビを見ていることを知っていたので、彼がチームに最も求めることを知らせたかったのだ。アルテタにとっては、これらの「妥協しないポイント」がとても重要だった。

「まず、互いをもっと尊重しなければならない。責任を持つ選手が欲しい。責任逃れは論外だ。仕事に対して責任を取ってほしいし、情熱とエネルギーをもたらす選手が欲しい。これに賛同しない、または否定的な影響を与える人物を、アーセナルは求めていない。私たちはチームを支え合う文化を築かなければならない。確固たる文化がないと、困難な時期にチームが揺さぶられてしまう。私の仕事はこれらを皆に納得させることである。この組織の一員であるつもりなら、こ

22 **マージーサイド** イングランド北西部・リバプールFCと、この試合でアーセナルの対戦相手だったエヴァートンFCの本拠地リバプールを中心とする州。リバプールFCとエヴァートンFCの対決はプレミアリーグで最も熾烈なダービーの一つで、マージーサイドダービーと呼ばれる

れらに従う必要がある」

とアルテタは記者会見で語った。

これはファンに良い印象を与えた。経験も少ないこの若き人物に任せても大丈夫なのだろうかという声はあったが、彼は外部の人間ではなく、アーセナルをよく知る人物で、意志が固く、自分の望むものをよくわかっていると歓迎された。彼こそ、ピッチの内外でチームが苦しんでいるときにトップに相応しい人物だった。

アーセナルは当時9位と苦しんでおり、エヴァートン戦の時点ではシーズン12戦でわずか1勝しかできていなかった。士気は低く、ファンはチームに対して嫌気がさしており、選手たちは幻滅していた。エジルが「安っぽいドラマの主役を演じて」おり、エメリは何度か彼を「パフォーマンス面の理由」でチームから外していたが、これは彼が十分にハードワークをこなしていない、という意味だと受け止められていた。アルテタはシティのコーチをしていた時期、アーセナルとの試合で、エジルの漫然としたプレーを目の前で見ていた。ユングベリは彼を後半早々に交代させ、10代のスミス・ロウを投入した。エジルはピッチを出る際、手袋を脱ぎ捨てて蹴り上げ、不満を爆発させた。それは、アーセナル全体の状況を象徴する出来事の一つだった。

エジルはエヴァートン戦で怪我を負ったが、ユングベリは会見で「メストは怪我を抱えているが、前の試合で起きたことを考えれば、私は彼をメンバーに選ぶつもりはなかった。私はアーセナルの選手にとって受け入れられるような振る舞いではないということを示したかった。もう私が決断を下すことはないが、これに関しては私の考えによるものであり、私が下した決断だ」と述べた。ユングベリが語ったことは、アルテタが改善しなければならないものが何であるかを示唆していた。マンチェスター・シティはチームが団結しており、アーセナルはチームが数か月にわたって分裂状態にあったのだった。

「当面の間、勝利する以外に方法はない。もしもの場合を考慮して何かを始めるのは、不可能だ。私たちにはプレシーズンも、6週間の準備期間すらない。短期間で即座に大きな成果を出すことに集中しなくてはならない」

アルテタは12月21日の試合を、グディソン・パークのスタンドから観戦した。その試合は低調で、スコアレスドローに終わった。クラブが史上最高額で獲得した選手であるニコラ・ペペはベンチに座っており、アレクサンドル・ラカゼットも同様だった。一方、ユングベリはスミス・ロウを初めてプレミアリーグで先発させた。さらに、リース・ネルソン、ガブリエウ・マルティネッリ、ブカヨ・サカも先発の11人に名を連ね、アーセナルにとって12年ぶりに、10代の選手が3人もプレミアリーグで先発した試合となった。

試合後、私は数人の記者と一緒にロッカールームでのインタビューの時間を待っていた。その時、アルテタはエドゥと一緒に私たちの前を通り、選手たちと話すために中に入っていった。アルテタはキックオフの直前にも中に入り、少し話をしていた。ベルント・レノがロッカールームから出てきて、

「彼は戦術については、あまり話をしなかった。彼はただ、走り、チームメイトをサポートし、チームとして守る選手を見たかったと言った。たしかにその通りだと思ったし、われわれは彼の意図を理解した」

とアルテタとの間で交わされた会話の内容を話した。

監督が「走る選手」を求めることは当たり前のことのように思える。しかし、この「走る選手」をアーセナルはまさに必要としていた。進むべき道を見失ったチームは基本に戻る必要があったのだ。そしてチーム内に巻き起こっていた混乱も鎮めなければならなかった。アルテタはそれを理解していた。

アルテタはある日、クラブハウスの一室に選手全員を呼んだ。選手たちが部屋に入ると、床には椅子が散らばっていた。一体何が起こっているのか誰もわからなかった。するとアルテタは椅子を指差して、このバラバラに散らばった椅子こそ今のチームの状況を表しているとし、「カオスだ」と一言口にすると、その後、部屋を歩き回りながら椅子を並べ始めた。椅子を並べ直した後、アルテタはこう選手たちに伝えた。

「チームが抱えている問題を改善するために長期的な計画を立てている。私を信頼してほしい」

ジャカの慰留に成功する

アルテタが引き継いだチームは、決して弱くはなかった。ピエール＝エメリク・オーバメヤンやアレクサンドル・ラカゼットのようなストライカーがおり、オーバメヤンは前シーズンに得点王に与えられる「ゴールデンブーツ」を獲得し、ラカゼットもアーセナルのシーズンMVPに選出されていた。エメリの最初のシーズンにはこの2人だけで50ゴールを記録していた。またエジルとペペのような高額で獲得したスター候補もおり、守備陣にはドイツ代表のGKであるベルント・レノや、経験豊富なダビド・ルイスもいた。両サイドバックはヘクター・ベジェリンとキーラン・ティアニー、そしてブカヨ・サカやエミール・スミス・ロウ、マテオ・ゲンドゥージ、リース・ネルソン、ガブリエウ・マルティネッリといったトップクラスの若手選手も揃っていた。さらに中盤には、グラニト・ジャカもプレーしていた。

そのスイス代表のジャカについて語るとき、ある事件を避けて通ることはできない。それは2019年10月27日のクリスタル・パレス戦での出来事だった。その日、エミレーツにいた誰もが、キャプテンであるジャカが後半に交代した際に起きたことを忘れはしないだろう。アーセナルのファンは2−0でリードしていた試合をふいにしたことに怒り狂い、ノロノロとした足取りでベンチに引き下がるジャカに向かってブーイングした。それに反応したジャカは「くたばれ!」と叫びながらシャツを脱ぎ捨て、ロッカールームにつながる通路に消えていった。ファンのブーイングは残酷なものだったが、ジャカのリアクションもひどいものだった。そしてこのジャカの一件は、アーセナルがチームとしてどれほど混乱していたかを如実に示すものであった。

アルテタが監督に就任した時点で、ジャカはキャプテンを剥奪され、オーバメヤンにその座を奪われていた。それでもジャカはチームのメンバーに復帰していたが、これはどちらかというと、代役がいなかったのが大きな理由だった。ジャカは自分の扱い、ファンの態度だけでなく、クラブ内部での対応にも憤りを覚えていた。自分が見捨てられたと感じていたジャカは移籍することを決めており、いよいよ移籍期間の1月が迫り、ブンデスリーガに加入する準備は整っていた。しかし、アルテタはそれを望まなかった。マンチェスター・シティで仕事をしていた頃、彼はグアルディオラとジャカの獲得を検討していたことがあった。ジャカの性格や人間性、そしてリーダーとしての資質をアルテタは評価していた。だからこそ、アルテタはジャカの説得に力を尽くした。それは一筋縄ではいかなかったが、慰留に成功した。

「もうその時にはスーツケースにすべての荷物を詰め終えていた。パスポートも、準備してあった。アーセナルで過ごす時間はもう終わりだと考えていた。他クラブからのオファーもあって、後はサインするだけというところだった。しかし、ミケルが、私こそが彼の計画のキーパーソンなんだと話し始めたんだ。彼の温かさは、印象的だった。そして正直で、はっきりと物を言う性格だ。ミケルの計画は明快で、私は彼を信頼できると感じた。そして他のチームに行こうとしている君の考えを改めるために6か月くれないか、その後まだ移籍したければ移籍すればよい、と告げたんだ。通常、私はこういった決断に多くの時間を費やす。自分の周りの人々とも話し合ってじっくり考えるんだ。でもその日、自分のルールを破った。そして私はミケルに言った、『オーケー』とね。それから妻に電話して、『ここに残ろう。スーツケースを片付けてくれ』と伝えたよ」

とジャカは後に「The Players' Tribune」のインタビューで明らかにしている。

これはアルテタが、選手に「自分のことを信じさせる」能力を示した最初の例だった。この後、われわれは何度もこのような出来事を目にすることになるが、このジャカの一件が最初かつおそらく最も重要であった。まだ監督になって間もない時期にアルテタがジャカのような意志の強い選手を説得することに成功したのは、彼のキャリアで非常に大きな一歩となった。

アルテタ体制の始動、迎えた初戦

数年前まで、アルテタは選手たちとチームメイト同士という関係だった。それが、アルテタが彼らの監督になった。サニャはチームメイトだった選手がコーチになることの難しさを語っていたが、全く同じ現象がより大規模な形でアーセナルでは起きていた。エジル、ベジェリン、モハメド・エルネニー、カラム・チェンバースは、アルテタがキャプテンを務めていた時期に彼と一緒にプレーしていた。突然、彼らはアルテタがどのように正確にプレーすべきか、どのように振る舞うべきかを自分たちに指導する、という状況に適応しなければならなくなった。これは彼らにとっても、アルテタにとっても難しいことだった。しかし、彼は一人でこれに対応しなくてはならなかったわけではなく、豊富な経験を持つコーチを招聘していた。

アルバート・スタイフェンベルフは、マンチェスター・ユナイテッドでルイ・ファン・ハールの右腕を務めたという経験豊富なオランダ人で、ジャカがアーセナルに留まることを決意したのと同じ時期にアシスタントコーチとして加わった。

アルテタの監督就任前に暫定監督を務めていたユングベリもコーチとしてアーセナルに留まった。さらに、デイヴィッド・モイーズ時代のエヴァートンでアルテタがプレーをしていたときに、選手の指導にあたっていたスティーブ・ラウンドもスタッフに加わった。またゴールキーパーコーチのイナキ・カナもスタッフの一員となった。

アルテタの監督としての最初の試合は、ボクシングデー[23]に行われたボーンマス戦だった。アーセナルはボーンマスに前半のうちにリードされたが、後半にオーバメヤンのゴールで同点に追いつき、アルテタ監督の初戦はドローに終わった。

試合では、エジルはトップ下、オーバメヤンは左サイド、ラカゼットはセンターフォワードというように、エメリ指揮下で慣れ親しんだ4−2−3−1のフォーメーションを継続した。エミレーツでの初戦はチェルシー戦だった。オーバメヤンが再びゴールを決めて先制していたものの、チェルシーが試合をひっくり返した。ジョルジーニョとタミー・アブラハムの得点で、1−2と逆転負けに終わった。

この試合後にアルテタは、

「私は、選手たちがトレーニングで得たものを試合で発揮しようとしてくれたことに満足している。ただ、負けたのは残念だ」

23 **ボクシングデー** クリスマスの翌日、12月26日。イングランドでは伝統的にクリスマス・年末年始期間中も試合が開催されるとコメントし、依然として厳しい状況は続いているものの、パフォーマンスにはポジティブな要素も見られる現況を真摯に受け止めていた。

短期間でチームが改善されたことは明白であった。元日に行われるマンチェスター・ユナイテッドとのホームゲームに向けてチームは良い状態に向かいつつあった。そしてオーレ・グンナー・スールシャールが率いていたマンチェスター・ユナイテッドに2–0で勝利し、アルテタは監督として初の勝利を手にした。ペペとソクラティスのゴールでアーセナルは前半からリードを奪い、後半も守り切った。それは夜明けがやっと訪れたようにも感じられた。先のシーズンの不振を忘れ去ったかのように、エミレーツには再び勢いと一体感が戻ってきたかのように思えた。

「大いに満足している。私たちが作り出そうとしているもの、それがピッチで表現されていた。私は選手たちに『君たちがいなければ、私はこれを成し遂げることはできない。君たちが私を信じて、扉を開いてくれるのであれば、私はクラブに新しいものをもたらせる』と伝えた。スタッフも全員、同じことを信じなければならない。これには時間がかかるし、簡単ではない。良い時も悪い時もあるが、全員でそれに挑むつもりだ。私はそう実感している。彼らにはその気があり、楽しみ始めている。ここからチームがさらに進んでいけることを願おう」

とアルテタは試合後に述べた。

新しい流れ、新しい戦力

アルテタは新しいエネルギーと新しいアプローチをチームにもたらした。誰もが上昇気流を必要としており、彼がアーセナルにやってきたとき、良くなるのではないかという気運が高まるのが感じられた。エミレーツでの初戦であったチェルシー戦では敗戦したものの、パフォーマンスから見ればもっと良くなるとの期待感があった。そしてユナイテッド戦ではさっそく結果をもたらした。

「人は幸せだと感じるときに持っている力を発揮できる。悲しいときに8時間寝るよりも、幸せなときに4時間寝たときのほうが、満足感があるだろう。自らの仕事に幸せを感じられると、結果が伴ってくるものだ。幸せなときの結果は、悲しいときよりも10倍良いものになるはずだ。サッカーだけに限らず、人生では何事も楽しむべきだと思う。そして、それをミケルが取り戻してくれた」

このダビド・ルイスの発言から、チームの雰囲気が急激に改善されていることが伝わってきた。その一方、多くの人はこのルイスの発言はエメリへの批判でもあると捉えたが、実際はそうではなかった。エメリとルイスは良好な人間関係を築いていたのだ。しかし、ルイスはチームの状況が悪く、変化が必要だと考えていた。チームから笑顔が失われていた。少しでもアーセナルの周囲で時間を過ごした者にとっては、何かしらの変化が必要なのは明らかだった。

アーセナルはユナイテッド戦での勝利の後、FAカップの3回戦でリーズ・ユナイテッドを打ち破った。その後、クリスタル・パレス、シェフィールド・ユナイテッド、チェルシーと3試合連続で引き分け、FAカップではボーンマスに2−1で勝利した。この試合ではブカヨ・サカが、プレミアリーグでの初ゴールを決めている。サカのゴールは、彼のアーセナルでの活躍を予感させるようなすばらしい弾丸シュートで、サカは決勝点となるエンケティアのゴールも演出した。

当時サカはまだ18歳だったが、トッププレイヤーになる資質があることは明らかだった。彼はトップチームへのステップアップを順調に成し遂げており、これは当時のチームが陥っていた苦境を考えればさらに特筆すべきことだ。そしてそのシーズン初めのヨーロッパリーグで、サカはアイントラハト・フランクフルトとの試合で初ゴールを決め、さらには二つのアシストも記録している。試合後にサカにインタビューをしたいというメディア関係者を前にしてアーセナルの関係者は「彼はまだ若く、大規模な記者会見などの経験が足りないので、少し優しく接してほしい」と頼んだ。しかしそのような心配は無用だった。サカは自信に満ち溢れ、すでに何百回もインタビューを経験しているかのように堂々としており、この10代の選手がすでに別格であることを示していた。

アーセナルはボーンマスでの勝利の数日後、フラメンゴからのパブロ・マリのローン移籍を完了した。アルテタにとっては、1月の移籍市場で求めていた左のセンターバックの選手だった。経験豊富な右サイドバックのセドリック・ソアレスも、サウサンプトンからローンで加入した。チームの状況を劇的に変える補強ではなかったが、経済的な制約もあったアーセナルとしてはその時点でベストを尽くした。

実はマリの加入は予想されていなかったものだった。彼は以前マンチェスター・シティに所属していた時期があった。2016年にスペインのジムナスティックから加入したものの、3年間の在籍中にグアルディオラのもとでプレーすることはなかった。代わりに、ジローナ、オランダのNACブレダ、デポルティーボ・ラ・コルーニャへの3回のローン移籍を経験し、ブラジルへの移籍を決めた。このセンターバックはフラメンゴで活躍し、そのフラメンゴ時代にクラブチームの南米王者を決める「コパ・リベルタドーレス」を制覇したという経験があった。しかし、彼は他の獲得候補と比較すると知名度の低い選手だった。アーセナルはシャフタール・ドネツクのミコラ・マトヴィエンコも獲得候補と考えていたが、ウクライナ代表の市場価値は高かった。そのような事情からマリが優先され、エドゥは獲得交渉のためにブラジルに飛んだ。

そのエドゥはマリを伴ってロンドンに戻ってきた。私は空港でマリに「アーセナルとの契約を楽しみにしていますか」と尋ねたところ、「はい、もちろん」との答えが返ってきた。しかし数日が経過してもアーセナルとフラメンゴは合意に至らず、マリは一度ブラジルに戻ることになったが、最終的にマリはアルテタのチームに合流した。アーセナルは26歳の選手のレンタルに425万ポンドを支払うことに合意し、夏の完全移籍もオプションとしてその契約に含まれていた。マリの獲得はファンを歓喜させる移籍というわけではなかったが、スカッドを強化したいアルテタにとっては喜ぶべき補強だった。

「彼はバックラインのバランスを良くする選手で、彼がいればよりピッチを広く使えるだろう。この数か月間、彼のことをチェックしていたので、補強には満足している」

一方、セドリック・ソアレスの獲得はファンの間ではあまり芳しいものとして受け止められていなかった。ソアレスは怪我を抱えており、サウサンプトンでも苦しむ時期が続き、インテル・ミラノにローンされているという状況だった。しかし、アルテタは右サイドバックのレギュラーだったベジェリンの控えになる選手としてセドリックを求めていた。セドリックはローンでアーセナルに加入し、契約には4年契約での完全移籍というオプションも含まれていた。このセドリックについてアルテタは次のように述べた。

「彼は経験豊富で、プレミアリーグにも慣れている。トップクラブへの移籍を望んでおり、献身性もある。彼がチームに与えるものに期待しており、スカッドの強化には必要な人材だ」

セドリックに対する懸念は、彼のコンディションだけではなかった。それよりも重要な懸念材料があったのだ。彼がサッカー界のいわゆるスーパーエージェント、キア・ジューラブシャン[24]の顧客であるということだった。ジューラブシャンは前年の夏にチェルシーからアーセナルにダビド・ルイスを移籍させていた。彼の顧客であるパリ・サンジェルマンのレイヴァン・クルザワやバルセロナのフェリペ・コウチーニョについても、獲得が噂されるようになっていた。ジューラブシャンはアーセナルのラウール・サンジェイと親しく、エドゥとも密接な協力関係を築いていた。

そんなやり手の代理人、ジューラブシャンはエミレーツのディレクターズボックスでサンジェイやエドゥと一緒に試合を観戦しているところをたびたび目撃されており、一人のエージェントに強い権力を与えてしまっていることは不安視されるようになっていた。

アーセン・ベンゲルは特定の代理人が補強戦略に影響を持つことを許さなかったが、アーセナルの補強戦略は何年も迷走を続けていた。クラブはそのような迷走の果てに、たった1人の代理人が補強戦略に口出しすることを許してしまったようで、それが懸念を生じさせたのも理解できることだった。

2月はバーンリー戦の引き分けから始まり、その後ニューカッスルとエヴァー

24 **キア・ジューラブシャン** 南米出身の選手を中心に、多くのスター選手を抱える代理人。現在はジョシュア・ザークツィーやドウグラス・ルイスといった選手をクライアントとしている

トンに勝利し、その合間にはギリシャでヨーロッパリーグに挑み、ギリシャの強豪オリンピアコスを相手に、1–0で勝利した。この時点でアーセナルは12月29日にチェルシーに敗れた後、全コンペティションで「10試合で無敗」を継続していた。

その頃、中国でのコロナウイルスの発生が話題になり始めており、年始から数か月で事態の深刻さが明らかになりつつあった。世界中が先行きのわからない状況となっていた中で開催されたエミレーツ・スタジアムでのオリンピアコス戦を最後に、イングランドのサッカーシーズンは中断へと追い込まれることになる。

新型コロナの発生、アルテタの感染

アーセナルは延長戦の末、オリンピアコスに敗戦を喫した。実にひどい夜だった。オーバメヤンのアクロバティックなボレーでアーセナルの勝利かと思われたが、オリンピアコスがアディショナルタイムにゴールを奪い、アウェイゴールの差で勝利した。オーバメヤンが2–2にする絶好のチャンスを逃した瞬間は、観戦していた誰もが目の前で起きたこと、つまり、シュートミスが信じられないというような雰囲気が漂っていた。

しかし、アーセナルにとってその敗北以上の「事件」が襲いかかった。オリンピアコスの会長であるエヴァンゲロス・マリナキスはエミレーツのディレクターズボックスで試合を観戦しており、チームのパフォーマンスに喜びを隠しきれなかった。試合後、私はインタビューの時間を待っていたのだが、マリナキスが多くの人々と一緒に勝利を祝う姿を目撃していた。マリナキスはオリンピアコスの選手、ギリシャのメディア、さらには英国のメディアとも握手し、抱擁していた。さらにロッカールームにも入って、選手たちと一緒にピッチに出ると、アウェイに来てくれたファンとも喜びを分かち合っていた。マリナキスの喜びようはすさまじかった。歓喜が渦巻く会場で、誰がこの後に起きることを想像していただろうか。誰一人いなかっただろう。

試合から10日が過ぎ去った3月10日、マリナキスが新型コロナウイルスに感染したことが発表され、翌3月11日に行われるはずだったマンチェスター・シティとアーセナルの試合がプレミアリーグの判断によって延期された。複数の選手とクラブスタッフがエミレーツでマリナキスと接触していたため、自己隔離せざるを得なくなったからだ。そしてシティ戦が延期された翌日、とうとうアルテタが新型コロナウイルスに感染してしまったのだった。アルテタは、後にスペインのテレビチャンネル「La Sexta」のインタビューでこの時の事を次のように振り返っている。

「すべてが、すさまじいスピードだった。火曜日の午後、調子が悪かったので医者に診てもらおうとしたのだが、医者がちょうど不在だった。その日のトレーニングの後、私が車に乗っているときに取締役会から電話があり、オリンピアコスの会長が陽性と判定されて、接触したすべての人に感染のリスクがあると伝えられた。私も気分がすぐれなかったし、多くの選手たちと接触していたことから、これは大変な事態かもしれない、と伝えた。私は検査を受け、金曜日に陽性だと診断され、結果をプレミアリーグに伝えなければならなかった」

それから24時間以内にプレミアリーグはすべての試合を一時休止することを発表した。当初は2020年4月4日までの予定だったが、最終的には2020年6月17日まで再開されなかった。私たちもアルテタが陽性と発表される前の記者会見に同行していたので、「濃厚接触者」に該当するのだろうか、と考えていた。幸いなことに、ジャーナリストから感染者は出なかったが、まるでドミノ倒しのように影響は広がっていった。アルテタの感染が判明した段階で、サッカーが中断に追い込まれるのは時間の問題に思われた。オリンピアコス戦と陽性が判明するまでの間には2試合が行われ、FAカップでのポーツマス戦では2–0の勝利、リーグでのウェストハム戦では1–0の勝利という内容だった。

ウェストハム戦の前後の記者会見では「エミレーツでの試合は、いつ再開されるのか」ということが話題になっていたが、結局、それは4か月後になった。試合は中止となり、医療体制を守るために政府はロックダウンを決定した。すべてのトレーニングは休止され、ロンドン・コルニーとヘイルエンド・アカデミーも一時的に閉鎖された。トレーニングセンターがようやく使えるようになるのは、それから1か月以上先のことだった。誰もが家に留まることを求められていた。アルテタにとっては、難しい時期になった。彼は監督としての仕事をスタートしたばかりで、突然のパンデミックに直面することになったのだ。誰もが経験したことのない状況で、クラブはなんとかやり抜くしかなかった。

アルテタはクラブの医療スタッフと協力して、チームに所属するすべてのメンバーに個別のフィットネスプランを用意した。多くの選手は自宅にトレーニング設備を保有していたが、設備がない選手にはエクササイズ用のバイクやウエイトトレーニングの機器などが送られた。推奨する食事のメニューもチームが準備し、アルテタはそれに従わなければならないと選手たちに命じた。さらに宿題も与えられていた。アルテタは個々の選手を成長させるために、改善しなければならないプレーを詳細に説明した。選手は自分がプレーしている映像を分析し、特定の状況で自分が選択したプレーをどのように変えることで、改善することが可能だと考えているかを報告しなければならなかった。

アルテタはこの自宅待機の期間を重要視していた。選手たちの集中力を維持するためにやるべきことをたくさん与え、家にいてもクラブやスタッフと繋がっていると感じてくれることを望んでいた。アルテタは選手たちから送られてきた動画をダウンロードし、彼らがちゃんとタスクに取り組んでいるかどうかを確認するためにすべての提出物に目を通していた。そして選手たちと定期的にビデオ通話をし、以前よりも個人的なレベルで選手たちと会話する機会を得た。それは、アルテタにとって休止期間におけるポジティブな点だった。２０２０年４月27

日、選手たちがロンドン・コルニーに戻ることが許されたとき、アルテタは彼らのことを前よりもずっと理解していた。

選手やスタッフの給与の削減問題

休止期間には、給与の削減という問題もあった。プレミアリーグが「いつ、どのような条件下で再開されるのか」が不確実だったこともあり、アーセナルの上層部は財政的な負荷を軽減するために給与を削減することを検討していた。選手たちとの協議が実施され、結果的には12・5%の削減が提案された。この提案には、翌シーズンにチャンピオンズリーグの出場が確定すれば、削減分が全額支払われるというインセンティブが含まれていた。

アーセナルの上層部は交渉の際に、シーズンが完了できないか、無観客で終了してしまった場合、クラブの財政状況が深刻になるだろうと通達した。選手たちは提案に懐疑的で、WhatsApp[25]での投票の結果、拒否されることになった。クラブ側の提案が受け入れられるには75%の同意が必要であり、何人かの選手は削減

25 WhatsApp　イギリスで一般的に用いられているLINEのようなメッセージツール

に同意したが、十分な数に至らなかった。

アルテタはこの状況を解決したいと考え、チームの全員とビデオ通話を行った。まず、選手たちの立場を理解していることを明確にし、同時に試合が中止となり、開催されたとしても、無観客試合の可能性が高くなっている状況で、クラブが直面している財政状況もハッキリと説明した。その2日後、選手の大多数とコーチングスタッフが給与の12・5%を削減することに同意したことが発表された。アルテタの介入により事態が打開されたことで、彼の影響力を示す一例となった。

「この決断は、建設的な議論の末に下されたものだ。私たちはアーセナル史上最も挑戦的で困難な時期に、クラブ、関係者、コミュニティーを支えるために一丸となってくれた選手とスタッフに誇りを持ち、感謝している」という声明をアーセナルは出した。

給与削減に同意しなかった選手の一人がエジルだった。彼がチームで最も高給を貰っていたこと（週給35万ポンド）もあって論争の的になり、サポーターの批判も集中した。エジルは給与の支払いの延期であれば受け入れる意向だったが、状況が明確にならない限り、合意はできないとした。また、エジルと数人の選手は、決断を急かされていることに不信感を抱いていた。

「私たちにはもっと多くの情報が必要だった。質問の多くには答えをもらえなかった。私たちは正しくクラブの状況を理解し、資金がどこに使われるのかを知る権利があると思っていた。しかし十分に情報を得ることは許されなかった。重要なことなのに、早く決めろというような圧を感じた。特に若い選手にとっては、公平ではなかった。だから私は提案を拒否した」

とエジルは後に「The Athletic」のインタビューで説明している。

これはエジルにとってアーセナルでの「終わりの始まり」だった。彼はシーズン終了後、8か月間クラブに残留することになる。二度とプレーすることはなかったが、エジルを巡る騒動はまだ終わっていなかった。

制約下でのトレーニングの再開

4月27日にトレーニングが再開された際、選手たちはこれまでとは違うやり方に慣れなければならなかった。一度にトレーニング場に入れるのは5人のみで、ローテーションが割り当てられていた。また選手たちは互いに距離を取らなければならず、ソーシャルディスタンスを確保できるように10面のトレーニング場がすべて使われていた。

選手たちはトレーニングウェア姿で到着し、駐車場から直接割り当てられたトレーニングピッチに行き、1時間のトレーニングが終わると車に戻り、自宅に帰らなければならなかった。建物はすべて閉鎖されていた。少数のフィットネスコーチと医療スタッフがいて、彼らは事前に設定されたトレーニングプログラムを手伝うために、選手たちの声が聞こえる範囲内に留まることが許されていた。各選手には、ピッチ上でのみ使用できる自分しか触れることのないサッカーボールが用意されていた。

複数の選手がアルテタと話し合って、トレーニングへの復帰を望むことを表明したことで、再びロンドン・コルニーでのトレーニングが許可された。彼らは自宅でもトレーニングに励んでいたが、ジョギングで外出する選手もいた。ソーシャルディスタンスのルールにもかかわらず、写真撮影を求めてくるファンに呼び止められてしまうこともあり、それに困っている選手もいた。また、ロックダウンのルールを破る選手が写真に撮られてしまう事件もあった。ニコラ・ペペ、アレクサンドル・ラカゼット、ダビド・ルイス、グラニト・ジャカは、新聞に報道されてしまった後、クラブから「責任を持った振る舞いを心掛けるように」と注意を受けていた。

プレミアリーグの「プロジェクト・リスタート」[26]の一環として策定された新しいトレーニングプロトコルの第一段階が許可されるまでに、3週間が必要だった。しかしこれによって、やっとのことでアルテタは選手と一緒にトレーニングに参加することが可能になった。選手たちは最大5人のグループに分けられ、一度に多くの選手が密集することを避けるために、時間を調整しながらトレーニングが行われた。アルテタを含め、最大3人のコーチングスタッフが75分間のトレーニングを指導することが許された。ただ、選手とスタッフは2メートル以上離れていなければならず、接触を伴うトレーニングは禁止されていた。このような変化に適応するのは誰にとっても難しいものだったが、試合を再開するためには必要な措置だった。

26 **プロジェクト・リスタート** 感染症対策の様々な施策を導入したうえで、プレミアリーグ再開を目指す一連の取り組み

リーグ再開と選手たちの契約問題

プレミアリーグは5月28日に、6月17日から試合を再開することを発表した。アーセナルはマンチェスター・シティと対戦する予定だった。これは、アルテタが3月にコロナウイルス陽性と判定されたため延期された試合だった。その間、ロンドン・コルニーで準備が本格的に進められたが、舞台裏では様々なことが起こっており、選手たちがサッカーに集中するのは難しい時期が続いた。

前述したエジルの問題もあったが、クラブには選手の契約を整理することも求められていた。パブロ・マリ、セドリック・ソアレス、レアル・マドリードから加入したダニ・セバージョスなどのローン選手は、6月末までの契約でサインしていた。しかし、シーズンが8月まで延長する可能性があり、FAカップ決勝も8月1日に行うと再調整された。ローンの選手がシーズンをアーセナルで終えるためには、ローン元のクラブとの間で新しい契約を結ぶ必要があり、これは容易ではなかった。

6月末にフリーエージェントになる予定だったダビド・ルイスのことも、悩みの種になった。アルテタは彼の契約延長を望んだが、クラブの上層部は不確実な財政見通しを考慮し、33歳のDFを契約延長することについて懐疑的だった。これは、マンチェスター・シティ戦の準備を進めるチームを混乱させる問題となった。アルテタはルイスのプレースタイルを好んでおり、たまに軽率なミスをする悪癖があっても、彼をチームに残したいと考えていた。これは解決されることのないまま、少しずつ大きな問題となっていった。

マンチェスター・シティ戦に際し、記者会見も再開されたが、従来とは違う世界だった。これまでは試合の数日前に私たちはロンドン・コルニーのメディアルームで取材し、必要な情報を得ることが多かった。しかし、取材はZoomによって行われ、私たち記者はコロナ下で新しい働き方に慣れなくてはならなかった。Zoomにアクセスしたとき、アルテタがバーチャル背景の前で座っている姿を、私はハッキリと覚えている。

「皆さん、パソコン前にちゃんといるんですよね。私の目の前には誰もおらず、誰も見えないけれど。皆さんが元気であることを願っているし、とても恋しい」

と言ってからアルテタは会見をスタートした。

それは奇妙な経験だった。何人かの記者はミュートを解除せずに話してしまい、アルテタに質問をするために、バーチャル上で手を挙げるための挙手ボタンを探して戸惑う記者もいた。やりにくかったが、私たちはそれに適応しなければならなかった。少なくとも、サッカーのある日常が戻ってきたのだ。当時の状況を考えれば、私たちは「現実逃避」の時間にどっぷりと浸れるサッカーが戻ってくることを切望していた。会見で次のように述べていたアルテタも同じ気持ちだったかもしれない。

「私たちは再びサッカーができることを楽しみにしている。決められたことにきちんと従うこと、それをやることでサッカーができるようになる。今は皆が、求められていることをちゃんと守ることが重要なんだ」

ゲンドゥージを規律違反で放出

しかしその興奮は長続きしなかった。なぜならアーセナルの待ち望んだシーズン再開初戦は、悪夢のような試合内容だったからだ。アーセナルは混乱に陥っていた。チームを擁護するとすれば、102日間の中断後に、アウェイでマンチェスター・シティと戦うというのは、エティハド・スタジアムが無観客であったことを考慮しても、最悪の相手だった。

だが、それにしてもひどい夜だった。クラブが解決すべき問題が露呈する試合だった。エジルは完全にスカッドから外され、アルテタはそれを「戦術上の理由」だと後に説明した。契約の状況が見えていない状態だったルイスも、ベンチからのスタートになった。しかし、グラニト・ジャカとパブロ・マリが負傷したため、彼は前半途中から出場しなければならなかった。25分以内にルイスはマンチェスター・シティに先制点を「プレゼント」し、さらにペナルティキックを与え、退場となった。これは交代選手のパフォーマンスとしては、プレミアリーグ史上最も悲惨なものの一つだった。0−3以上の点差にならなかったことだけが、不幸中の幸いだった。

試合後にルイスは、「Sky Sports」のカメラの前に現れたが、そのコメントは舞台裏で彼をめぐる状況が不確実なものとなっていることを象徴していた。

「私の責任だ。私はプレーするという決断をした。この2か月で別の決断をすべきだったが、そうはしなかった。すべて私の契約に関することで、私が残るかどうかについてだ。ここにいるのはあと14日だけだ。私は残りたいし、監督も私が残ることを望んでいる。私たちは、ただクラブの決断を待っている」

6月20日のブライトンとのアウェイゲームで状況は悪化することになる。守護神のベルント・レノがニール・モペイに押され、不自然に着地したときに膝を負傷した。この怪我で残りのシーズン、レノは戦列から外れることになってしまった。アーセナルはモペイに激怒し、レノは担架に乗せられながらもブライトンのストライカーに怒りを伝えようとしていた。そしてさらに悪いことに、モペイが終了間際に勝ち越しゴールを決めたことで、アーセナルの傷口には塩が塗りこまれることになった。

試合終了時には、マテオ・ゲンドゥージがモペイの首を摑《つか》んでピッチに倒したことで事態が悪化した。そのときは知る由もなかったが、このブライトン戦が、ゲンドゥージがプレーする最後のゲームになった。ゲンドゥージはどういうわけか、サッカー協会からの処分を免れたが、アルテタは彼の態度に難色を示していた。彼は才能を評価されていたが、アルテタはゲンドゥージに対して不満に思う部分をいくつか抱えており、管理するのが難しい選手だった。アルテタはドバイでのトレーニングキャンプ中にゲンドゥージと口論になり、ロックダウン前のニューカッスル戦では彼をベンチに置き、揉め事はホテルに戻った後も続いた。アルテタは彼の態度を好ましいものだと考えておらず、そしてそう考えていたのはアルテタ一人ではなかった。

ドバイでの揉め事に対しての処分は、厳しい内容ではなかった。アルテタは彼を1試合ベンチに下げることが、十分な罰になると考えていたのだ。しかし、ブライトンでの事件はゲンドゥージにとって致命的だった。試合後のモペイへの態度よりも問題となったのは、ゲンドゥージの試合後の振る舞いだった。激怒したゲンドゥージは試合終了時にロッカールームにつながる通路を駆け下り、更衣室の外でソーシャルディスタンスを保つために設置された仕切りを倒していった。私が聞いたところによると、ブカヨ・サカやガブリエウ・マルティネッリなどの多くの若手選手が彼の後ろを歩いていた。彼らはゲンドゥージの愚行をチームメイトとして恥ずかしく感じ、倒された仕切りを片付けていった。その余波は、数日続いた。アーセナルはゲンドゥージを呼び出したが、彼は謝罪しなかった。アルテタは彼の態度に怒っており、チームから離れてフィットネスコーチと一緒に個別でトレーニングするように指示した。

これは、アルテタが彼の「妥協しないポイント」に対する姿勢を実際に示した最初の例だった。そしてこれは同時に、選手がチームの一員として期待される行動を行わなかった場合、何が起こるかという明確なメッセージでもあった。

ゲンドゥージは規律違反が多すぎたのだ。クラブは彼のことを評価していたし、ゲンドゥージに才能があることは知っていた。アルテタは就任時に次のように自分の理想を説明しており、チームには練習や態度面で一定の基準を満たす選手しか望んでいない、という点を明確にしていた。

「私は自分の仕事に対して責任を持つ人々を望む。これに賛同しない者、または負の影響を与える者は、この環境には適していない。私たちは文化を築く必要がある。これからはこの方針に従って生きていくことになるし、アーセナルの一員であるならば、それを守らねばならない」

ゲンドゥージは、これらの条件に従えないことを証明してしまったため、彼のアーセナルでのキャリアは幕を降ろすことになった。その後、ヘルタ・ベルリンとマルセイユへのレンタルを経て、2022年にはマルセイユへの完全移籍が決定した。ゲンドゥージをめぐる騒動は、再開後のアーセナルがどのような状況にあったかを象徴するものでもあった。

二つの敗戦に苦しみ、ピッチ外での怪我や混乱があったが、ルイスが1年の契約延長にサインしたとき、アルテタは安堵した。同時に、ダニ・セバージョスは契約満了日にスペインに戻るのではなく、シーズンが終了するまで在籍することになった。パブロ・マリとセドリック・ソアレスのレンタル契約も、完全移籍となった。これでやっとアーセナルとアルテタは、選手の去就に関して悩む必要はなくなった。

日傘を差して試合を観ていたエジル

6月25日のサウサンプトン戦は2−0で勝利し、アカデミー出身のエディ・エンケティアとジョー・ウィロックが得点を決めた。この試合は、私にとって二つの理由から印象深いものとなった。一つはこの日はとても暑く、私はひどく日焼けしてしまったという点だ。私に割り当てられたスタジアムの席は、ずっと直射日光にさらされていたのだ。メディアもソーシャルディスタンスを保つ必要があり、通常のプレス席ではなく、スタンド席に座らねばならず、試合が終わるまでそこから移動することは許されていなかったのだ。セント・メリーズ[27]を後にした私の肌は到着したときよりも赤くなっていた。

そして、二つ目は（おそらくこちらのほうが、はるかに興味深いポイントだろう）エジルの様子だ。マンチェスター・シティ戦とは異なり、エジルはチームに帯同していて、控え選手として登録していた。彼はちょうど私の真正面のところに座っており、途中出場するとは思っていない様子だった。そのエジルの姿を写した写真を、サポーターは覚えているかもしれない。彼は赤い傘を持って座っており、強い日差しを避けるようにしていた。私は何度か彼に少しその傘を貸してくれないか、と叫ぼうかと思ったほどだった。試合終了時に皆が選手たちを祝福したが、そこにエジルはいなかった。彼は選手たちのほうには向かわず、控室につながる通路に向かって歩いていった。

このエジルの様子が試合後注目を集めたことを別にすれば、この試合での勝利は、マンチェスター・シティとブライトン戦の敗北で落ち込んだチームにとって、必要な勝利だった。チームはシェフィールド・ユナイテッドとのFAカップ準々決勝にそれなりの状態で臨むことができた。アルテタのチームはカップ戦でまずまずの成績を収めており、ベスト8まで進出していた。彼らはリーズ、ボーンマ

27 **セント・メリーズ** サウサンプトンFCのホームスタジアム

ス、ポーツマスをロックダウン前に破っており、残り1試合で準決勝というところまで到達していた。その1試合に勝つということは彼らにとって大きなチャンスであった。ブラマル・レーン[28]でのセバージョスの試合終了間際の勝ち越しゴールのおかげでそのチャンスを掴んだ。リーグで9位に低迷していたアーセナルにとって、「優勝」の二文字が突然大きな重要性を持つようになったのだ。

準決勝が行われるウェンブリーへの遠征前には、いくつかのリーグ戦が開催された。ノリッジ戦での4–0の勝利、ウルブス戦での2–0の勝利、レスター戦での1–1の引き分けとなったホームゲーム、そしてノース・ロンドン・ダービーでの痛恨の敗戦もあった。これはアルテタにとっては監督として最初のトッテナム戦であった。ラカゼットのゴールで先制したが、その直後にルイスとコラシナツのミスコミュニケーションがあり、ソン・フンミンによる同点ゴールを許すと、トビー・アルデルヴァイレルトに試合終盤の勝ち越しゴールを決められてしまった。

この時点でジョゼ・モウリーニョ率いるトッテナムが、残り3試合でアーセナルを2ポイント上回ったのだ。ノリッジ戦で、オーバメヤンはプレミアリーグで50ゴール目を記録した。これはリーグ戦79試合目での達成だった。プレミアリーグ史上彼より速く50ゴールに到達した選手は5人しかおらず、アーセナルの選手と

28 **ブラマル・レーン** シェフィールド・ユナイテッドFCのホームスタジアム

しては最速での記録であり、あのティエリ・アンリのペースも上回っていたのだ。

再建のキーパーソン、オーバメヤン

オーバメヤンは2018年にボルシア・ドルトムントからチームに加入し、大きなインパクトを与えてきた。シーズン初めにジャカが問題を起こしたこともあり、キャプテンを務めているオーバメヤンは不可欠な存在になっていた。しかし、彼の契約は2021年の夏に終了する予定となっており、アーセナルは新契約を熱望していた。まだ少し契約期間は残っていたが、契約延長に合意できないままオーバメヤンとの契約最終年に突入することは避けたいとアーセナルの誰もが考えていた。

当時、記者会見でも何度となくオーバメヤンの移籍についてジャーナリストたちがその動向を尋ねていた。アルテタはオーバメヤンに残ってほしいとはっきりと述べており、ロックダウン中に多くの時間を費やし、クラブのプロジェクトをオーバメヤンに説明することで、彼を説得しようとしていた。オーバメヤンは海外のクラブからも関心を寄せられていたが、徐々に彼の気持ちはアーセナルに残留する方向に傾いていた。インテル・ミラノ、バルセロナも補強を望んでいたが、周囲の雑音とは無縁のアルテタは、オーバメヤンにアーセナルで地位を築くべきだと伝えていた。契約やお金という点ではなく、再建計画の一部を担うほどの価値があると説くことでオーバメヤンを引き留めようとしていたのだ。

「オーバメヤンは、私が彼に対してどのように考えているかを知っている。彼は、私が成し遂げたいことを知っている。私は楽観的に考えており、彼がこれからも長年ここにいてくれると思っているが、もう少し話し合いを進める必要がある。彼がアーセナルのために、100ゴールを決めてくれることを願っている」

と、アルテタはオーバメヤンが節目となる50ゴールを決めたときに述べた。

オーバメヤンはアーセナルに加入する前、トラブルメーカーとして見られていた。いかにも派手好きで、奇抜なファッションや高級車を好み、同じような派手派手しい取り巻きに囲まれていた。しかし、アーセナル移籍後、彼はクラブ内で非常に人気が高かった。彼のゴール数自体が選手としての実力を示しており、懸念されたような問題も起こらなかった。若い選手は、オーバメヤンとプレーするのが好きだった。サカはいつも、オーバメヤンが彼にとってどれほど素晴らしいかを私たちに話してくれたし、エディ・エンケティアも同様で、エインズリー・メイトランド＝ナイルズもオーバメヤンに心酔していた。オーバメヤンは典型的なキャプテンではなかったが、チームに愛される人物だった。時間を守るのは苦手だったが、ピッチでのパフォーマンスはレベルが高かったので、大きな問題とは考えられていなかった。

ある朝、ロンドン・コルニーの近くでオーバメヤンの高級車が私の車を追い越していったことを覚えている。私は記者会見に向かうために運転していたが、彼はおそらくトレーニングに遅れそうになっていたに違いない。彼のスーパーカーが後ろから迫ってきて、自分の車を追い越して遠ざかっていく光景をリアミラーで見ていたのは私だけではないだろう。オーバメヤンは正真正銘のストライカーであり、引き継いだチームで結果を出さなければならなかったアルテタにとって、重要な選手だった。

リーグ再開後のアーセナルは、それまでよりもタフなチームになっていた。アルテタは4―2―3―1システムから離れて3バックでプレーするようになり、これまでよりも組織的だった。エジルはチームから外れ、オーバメヤン、ラカゼット、ペペを3トップとして起用し、10番[29]を必要としないチームに変貌した。創造性は低下したが、チームには安定感が生まれていた。ルイスは新しい契約を結び、良いプレーを続けていた。

エインズリー・メイトランド＝ナイルズはウイングバックとして求められている仕事をこなし、非難されがちなシュコドラン・ムスタフィも安定したパフォーマンスを発揮していた。FAカップ準決勝でもウェンブリーでマンチェスター・シティを破るチャンスはゼロではない、と人々は信じていた。プレミアリーグでアーセナルはそれまでマンチェスター・シティに対して7連敗しており、その間合計で20失点し、2ゴールしか決めていなかったが、一方で数日前にアーセナルはリバプールを破ることに成功していた。ユルゲン・クロップのチームがリーグ優勝を決めた後の試合だったとはいえ、この年のリバプールはプレミアリーグの歴代最多勝ち点更新を狙っており、アーセナル戦が彼らにとって意味のない試合というわけではなかった。ラカゼットとネルソンのゴールでアーセナルは2–1で勝利し、アーセナルによってリバプールの勝ち点が102に達することは阻まれた。最終的にリバプールは2年前にマンチェスター・シティが獲得した勝ち点100に1ポイント及ばず、勝ち点99で2019–20シーズンを終えた。

29 10番　日本でトップ下と呼ばれる攻撃的MFのポジションのこと。このポジションの選手が10番を付けることが多いことからこう呼ばれる。同様に9番といった場合にはストライカーを指す

チームへの「投資」を訴える

リバプール戦はウェンブリーでの準決勝に向けて完璧なウォームアップになった。リバプールはボール支配率とシュート数でアーセナルを上回り、後半は徹底的にアーセナルを攻める時間が続いた。それでもアーセナルはその圧力に耐え、ギリギリで守り抜いた。

これはまさに「守り切っての勝利」という言葉がふさわしい試合だったが、興味深いことに、アルテタは夏の移籍市場を前に、この試合を上層部にメッセージを送るために活用したようにも見えた。この試合こそ結果が良いほうに転んだが、アーセナルがこのやり方を長期的に継続することはできないとアルテタは理解していたのだ。彼は相手にボール支配を委ね、カウンターアタックから勝機を掴むタイプの監督ではない。

「リバプールとの差は、大きかった。チームを強化する必要があるのは明白だ」

とアルテタはインタビューで述べた。その後、彼はチームを強化するための資金があるのかを尋ねられ「わからない」と付け加えたうえで次のように続けた。

「それは大きな懸念事項だ。チームを構築するためには魔法ではなく、資金が必要だ。質の高い選手を集めて競争力をつけなくてはならない。これこそが最も重要な課題だ」

こうした発言がアルテタの口から出たことは話題になったが、彼は次の記者会見で、少しトーンを落とし、そのコメントがクロエンケ家に対する直接的なメッセージではなかったと主張した。

「まったくの誤解だ。そんなつもりで言ったのではないし、何らかの意図を含んでいる発言でもない。われわれはできるだけ早く以前のような強いアーセナルを取り戻すという共通の目的を持って取り組んでいる」

アルテタは賢明な人物である。彼の言葉がどれほどの影響力を持つかわかっていたに違いない。それは彼の記者会見を見れば明らかだ。彼は心にもないことを口にするような人物ではない。どれだけ質問されても、巧妙に彼をひっかけようとするような問いかけがなされても、アルテタは微笑んで話題を変えるだけだ。だからこそ、アルテタが慎重にタイミングを選び、素晴らしい勝利のあと公の場で投資の必要性について語ったのは印象的だった。

アルテタは、「チームをどのように導くか」という明確なビジョンを持ってアーセナルに加入したはずで、それを実現するには、投資が必要だと理解していた。彼はリバプール戦の前にも、ユルゲン・クロップが達成したことについて言及していた。

「クロップは財政的に大きな支援を受け、チームを変革するための重要な補強に成功した。世界最高のディフェンダー（ファン・ダイク）、世界最高のゴールキーパー（アリソン）、世界最高のホールディングミッドフィルダー[30]（ファビーニョ）を獲得し、チームを大きくレベルアップさせた。私はそのように、チームを構築すべきだと信じている」

パンデミックは、クラブの財政状況を完全に変えてしまった。アーセナルは資金を失い、観客がいつ戻ってくるかも不明だった。次の移籍期間でスカッドを強化するためにどれだけの資金が使用可能なのかについては、不透明な状況が続いていた。

30 **ホールディングミッドフィルダー**　日本で言う「アンカー」に近い、守備が得意で、一人でチームの中盤を支えられるようなタイプのMF

FAカップでマンチェスター・シティに勝つ

準決勝のマンチェスター・シティ戦は、重要な試合だった。チャンピオンズリーグの出場権を確保していたマンチェスター・シティは、FAカップ優勝に集中した状態で試合に臨むことができた。一方、プレミアリーグで9位に位置していたアーセナルにとっては、FAカップ優勝が翌シーズンのヨーロッパリーグ出場権を得るための最も見込みの高いルートとなっていた。ヨーロッパリーグに出場することができれば、約3000万ポンドが予算に追加される。資金繰りが非常に厳しく、移籍や契約に関してもやるべきことが多いと予想される中で賞金を獲得することは、FAカップ優勝自体よりも重要にさえ感じられた。

「夏の移籍市場で何が起こるか、またはわれわれに何ができるか、あるいはできないか、選手を留められるか、留められないかについて、正確にはわからない。今後の3~4試合のピッチ上でのパフォーマンスが大きく影響するだろう」

とアルテタはウェンブリーでの決戦の前に述べた。

試合前のアーセナルには、不確実性が渦巻いていた。獲得候補の選手たちとの話し合いは保留されており、クラブはヨーロッパリーグへの出場が決まってから交渉を次のステージに進めたいと考えていたため、試合の結果は重要だった。

アーセナルの勝利を予想する人は少なかったが、実際にはオーバメヤンの2ゴールでアーセナルはマンチェスター・シティを破った。試合内容も比較的余裕のあるものだった。この試合でアルテタは芸術的な戦術を用い、師匠であるグアルディオラに一泡吹かせることに成功したのであった。

アルテタは3バックを採用し、シティがボールを保持しているときはウイングバックのメイトランド＝ナイルズとベジェリンが深く自陣まで下がった。アーセナルは、シティの選手を混雑した中央エリアに誘導しようとしていた。シティは71％のボール保持率を記録したが、スペースが封じられていたのでアーセナルの守護神マルティネスを脅かす回数は少なかった。この勝利はトレーニングの賜物であり、すべての選手が自らの役割を果たした。シティを枠内シュート1本に抑え、特に契約問題を抱えていたダビド・ルイスはシティを苦しめ、アルテタの信頼に応える最高のパフォーマンスだった。

そして容赦なくカウンターを仕掛け、オーバメヤンが2ゴールを決めた。この2ゴールでオーバメヤンのシーズン合計のゴール数は25となった。いずれのゴールも素晴らしいものだったが、特に最初のゴールは華麗だった。このゴールでアーセナルは18本のパスを繋ぎ、アーセナルの11人の選手のうち10人がゴールに関与していた。8本のパスをアーセナルのペナルティーエリア内で回し、彼らはシティを引き込んだ後、カウンターアタックで前進した。ベジェリンがサイドのペペにボールを預け、彼が完璧にファーサイドのオーバメヤンにパスを送り、オーバメヤンがゴールを決めた。これはのちにアルテタのアーセナルにとって代名詞になるような形のゴールだったが、当時は目新しいものだった。このゴールとパフォーマンスは、アルテタのチームが進歩していることを示していた。

同時に私はこのシティ戦で「スタジアムにファンがいないサッカーがいかにつまらないか」を強く実感させられた。この時私はすでにプレミアリーグが再開してから無観客試合を9試合観戦していたが、特にウェンブリースタジアムでの試合は何かが違う、と感じた。私はキックオフの約2時間前、ウェンブリー・ウェイ[31]を歩いていた。その道は、通常ならば赤と青という2色にわけられた「海」のような光景が広がっているはずだった。しかしそこに一人の姿もなく、何かが間違っている、と強く感じさせられたし、スタジアム内部も非常に奇妙に思えた。

31 ウェンブリー・ウェイ ロンドン地下鉄ウェンブリー・パーク駅とウェンブリースタジアムを繋ぐ道。ウェンブリー・ウェイというのはあくまで愛称で、正式名称はオリンピック・ウェイウェンブリーはいつもより非常に広いように見え、中にファンがいないスタジアムはすべてを飲み込もうとしているかのように見えた。本来ならばアーセナルにとって特別な一日となるはずだった試合に、ファンがいなかったことでその喜びの多くが失われたように感じられた。本当に奇妙な経験だった。

しかしそれでも、この勝利はアーセナルにとっては大きなものとなった。1週間のうちにリバプールとマンチェスター・シティ、国内のトップ2チームに勝利したのだ。それはアルテタの下で、物事が軌道に乗っていることを確信させる1週間だった。戦術面での改善は明らかで、選手たちは自分たちを信じ始めていた。オーバメヤンは絶好調で、ペペはイングランドでのデビューシーズンを素晴らしい形で終えていた。ジャカやルイスのような選手たちは、アルテタが彼らをクラブに留めるために懸命に戦ったその理由をプレーで示していた。ゴールマウスを守ったエミ・マルティネスの調子も素晴らしかった。

マルティネスの雄叫びと涙

アーセナルの正キーパーのベルント・レノは、アーセナルがアウェイでブライトン戦に挑むまで、シーズンMVP級の活躍を見せていた。したがって、彼がこの試合中に重い膝の怪我によって担架で運びだされた際に、彼の不在が残りのシーズンに大きな影響を与えると懸念されていた。

クラブは、レノの控えを任せたマルティネスに信頼を寄せていたものの、彼はプレミアリーグで長期間プレーしたことはなかった。彼にどこまで期待できるのか、それを知っている者はいなかった。私はマルティネスがチャンピオンシップ[32]のレディングにレンタルされている頃、インタビューしたことがあったが、彼についていて印象的だったのは、自らに対しての自信だった。

その時点でマルティネスは10年間アーセナルに在籍していたにもかかわらず、ファーストチームのメンバー入りに近づいたことはなかった。多くの選手ならば諦めてしまうところだが、マルティネスは違った。彼はまだ、自分が成功できると信じていたのだ。インタビューの時点ではペトル・チェフがそのシーズンの終

32 **チャンピオンシップ** イングランドの2部リーグの名称。ここからさらにリーグワン、リーグツーと下がっていくため、前者は3部リーグ、後者は4部リーグを指す

わりに引退することを発表したばかりで、マルティネスは自分にチャンスが来ると考えていた。彼はアーセナルに戻ってチャンスを掴むことを決意しており、もしチャンスが与えられなければクラブを去るつもりだった。

「もしクラブが俺を信頼してくれず、新しいゴールキーパーを獲得するならば、俺の未来はここにはないだろう。アーセナルがどう判断するかはわからないが、もしアーセナルでプレーする機会があれば、俺はベストの一人になれると確信している。チャンスが必要だ。俺は父にサッカー選手として成功すると約束したし、そのつもりだ。アーセナルでプレーするゴールキーパーに必要なすべてを持っていると信じている。もしクラブが俺を信頼しないなら、俺は移籍する必要があり、そうなったとしてもアーセナルのファンは理解してくれるだろう。だが、アーセナルで俺の能力を示すチャンスを与えられるべきだと信じている」

2019–20シーズン開幕前、マルティネスはレディングでの好パフォーマンスによって多くのクラブからの関心を集めていた。しかし、彼はもう1年間レノと守護神の座を争うために残ることを決めた。エメリの下でカップ戦には出場したことはあったが、レノが怪我するまでプレミアリーグには出場する機会はなかった。そのレノの怪我が彼が待ち望んでいたチャンスで、マルティネスに公平な見方をすれば、彼は自信に満ちた言葉をパフォーマンスで裏付けた。

その言葉通り、彼は素晴らしいプレーを披露した。彼には存在感があり、選手たちが安心して後方を任せられると感じているのがわかった。ウェンブリーでの勝利は、彼にとって大きな瞬間だった。試合の終わりを告げるホイッスルが鳴ったとき、スタジアムに響き渡った雄叫びを私は覚えている。それはマルティネスの雄叫びで、彼はペナルティーエリアで倒れ、涙を流していた。

「感情的になっていた。シティに勝ったからではないよ。愛するクラブで決勝に出場するためにどれだけハードワークを積み重ねてきたかということに対してさ。俺は常に自分ならばできると信じていたし、実際にやり遂げたんだ」

と、後にマルティネスはコメントした。


3年前にベンゲルが最後のFAカップを勝ち取った時と同じ相手であるチェルシーとのFAカップ決勝戦を前にしてアーセナルはまだリーグ戦を2試合残していたが、アーセナルはアストン・ヴィラとのリーグ戦で0-1で敗れ、10位に落ちてしまった。この敗北によって、シーズン最終日に予定されていたワトフォードとのリーグ戦の結果がどうなっても、25年ぶりに7位以下の順位になることが確定してしまった。

「アルテタを支えろ、クロエンケを追い出せ」

アストン・ヴィラとの試合では、アーセナルのファンがヴィラ・パーク上空に飛行機を飛ばすために、1700ポンド（約30万円）を拠出したことでも注目された。その飛行機は「アルテタを支えろ、クロエンケを追い出せ」というメッセージが書かれた横断幕を引っ張っていた。アーセナルでこのようなことが起こるのは、これが初めてではない。2017年のウェストブロム戦の日を、私は忘れることができない。そのときは2機の飛行機が横断幕を引っ張り、一方はベンゲルの退任を求め、もう一方はこのクラブの伝説的な監督への支持を示していた。しかし、これがアルテタの監督時代に起こったのは初めてで、サポーターの一部がオーナーに対してどのように感じ、残念な結果に終わった前シーズンの責任の所在が誰にあるのかを主張するものだった。

この横断幕は、アルテタを少し当惑させた。なぜなら、それはリバプール戦の後に彼が夏に使える予算について述べたコメントの直後の出来事だったからだ。自分の発言によってこうした横断幕が出てしまったことは明らかで、その後彼がオーナーを擁護したのは驚くことではなかった。

「私はクロエンケから全面的な支持を受けているし、綿密な計画を立てている。できるだけ多くのことを、できるだけ短い期間でやろうとしている。埋めなくてはならない上位チームとの差があることはわかっているし、順位がそれを証明しているからだ。私たちは一丸となって、これらに取り組んでいる」

とアルテタは言った。

しかし、その横断幕が示したのは、「ファンがアルテタに対してどう感じているか」ということの一端だった。メッセージがクロエンケに対するものであり、アルテタに対する否定的な内容ではなかったことは、リーグでのやや物足りない成績にもかかわらず、サポーターにアルテタが支持されていた事実を示していた。

アルテタがアーセナルに来てから、パフォーマンスとクラブ周辺の雰囲気は確実に改善が見られていた。エメリが解任された時点でアーセナルは8位で、トップ4から8ポイント離されていた。ヴィラに敗戦したことで、アーセナルはこの時点でシーズン1試合を残してヨーロッパリーグ圏外の10位という状況だった。アルテタの下でチームは改善していたが、それがリーグでの成績の大きな向上につながったわけではなかった。これが彼に対して疑問を投げかける声へと繋がっていてもおかしくはなかった。

そのような中で、FAカップへの期待感だけが、ファンの心を繋いでいた。ヴィラでの敗戦は、結果的にFAカップ決勝戦の重要性をより高めた。アーセナルにとっては2020–21シーズンのヨーロッパリーグへの出場権を確保する、最後のチャンスだったからだ。チェルシーに勝利すれば、アルテタのチームはヨーロッパリーグの出場権を確保することになる。一方、敗北すれば彼らは次の12か月間、国内の問題に集中する以外には何も残らない。ウェンブリーでの試合には多くのことが懸かっていたが、アーセナルはまずリーグ戦を終える必要があった。

彼らはホームでワトフォードに3–2で勝利し、この結果によりワトフォードは降格となった。オーバメヤンは2得点を決め、キーラン・ティアニーのゴールをアシストした。このゲームでオーバメヤンはシーズン22得点を記録し、ゴールデンブーツ[33]を勝ち取ったジェイミー・ヴァーディー（レスター・シティ）の23

33 **ゴールデンブーツ** リーグの得点王に与えられる賞。受賞者には黄金のサッカースパイクをかたどったトロフィーが授与される得点まであと1点に迫った。この勝利でアルテタの最初のシーズンは幕を閉じ、アーセナルはトップ4から10ポイント差となる8位で終えた。

「多くの点で進歩していると思う。おそらく最も重要なことは、私たちがこのサッカークラブの文化と環境を変えたということだ。起こっていた多くの問題が、今では解消されていることを願っている。意志が宿り、エネルギーに満ち溢れている。私たちが何をしようとしているかが見え始めていると思うし、また、クラブに安定と信念を取り戻したとも思う。決勝に進出したという事実も、私たちが上の段階へと進んでいることを示している。今、勝利以外に欲しいものはない」

とアルテタは試合後に私たちに語った。

FAカップ決勝戦に向けた盛り上がりと同時に、オーバメヤンの去就が話題になっていた。公には、アルテタは彼のキャプテンがチームに残ると信じていると主張し続けていた。しかし、アーセナルがチェルシーに敗れ、ヨーロッパリーグで得られる予定の「追加の収入」を逃すと、ストライカーをキープするのは難しいかもしれないという報道があった。アーセナルにとっては、その試合に多くのことが懸かっていた。その結果が、夏の流れを完全に形作るように感じられた。移籍期間に向けての計画はすでに立てられていたが、何も確定していなかった。

アーセナルは、チェルシーでフリーエージェントになるウィリアンと話を進めており、他にも、アトレティコ・マドリードのトーマス・パーティなどが獲得候補に挙がっていた。しかし、それらの計画を実行に移す前に選手獲得に使える予算を知る必要があった。

「資金繰りの状況を考えたとき、ヨーロッパリーグへの出場は重要になってくる。だがお金のことだけではない。アーセナルがヨーロッパリーグでプレーすることは必須であり、私たちはその両方を達成するチャンスがある」

とアルテタは決勝戦前に、ヨーロッパリーグ出場の資格の獲得が意味することについて話していた。

それだけではなかった。クラブにとって14回目のFAカップ決勝戦が控えており、アルテタには「キャプテンとして、そして監督としてアーセナルをFAカップ制覇に導く最初の人物になる機会」が与えられた。これは、彼が監督としての仕事を始めてから、わずか7か月で歴史に名を刻むチャンスだった。彼はまた、この段階でのトロフィーが彼に与える舞台裏での影響力についても理解していた。彼が12月にエミレーツの入り口をくぐってから考えてきた再建計画は、実際にはまだ本格的に始まってすらいなかった。これからという時期にトロフィーを手にすることができれば、その影響は多大なものとなる。

「タイトルを獲得すると、信頼が生まれる。それはみんなを一つにし、良い思い出をもたらす。勝つこと、そしてトロフィーを勝ち取ることが大事だ。それはどんなクラブにとってもとてもポジティブなことで、再建に至るプロセスには、それはさらに重要になる。私たちには素晴らしい機会があるので、優勝を目指そう」

とアルテタは試合前の記者会見で述べた。

FAカップ優勝を掴み取る

FAカップ準決勝でマンチェスター・シティに勝利したことは、チェルシーとの試合に挑むアーセナルに自信を与えた。また、プレミアリーグでのリバプールに対する最近の勝利も同様だった。選手たちには、イングランドのベストチームを倒すことができるゲームプランが備わっていた。それに従いさえすればよかったのだ。そして、チェルシーは強いチームだったが、マンチェスター・シティやリバプールほどではなかった。フランク・ランパード[34]はペップ・グアルディオラ

34 **フランク・ランパード** 現役時代にチェルシーで400試合以上に出場し、プレミアリーグでも屈指の得点力を誇るMFとして活躍した。選手・監督としてアルテタとはほぼ同世代

やユルゲン・クロップではなかった。アーセナルは、ウェンブリーに自信を持って向かった。

アルテタは再び準決勝と同様に、3バックを採用した。キーラン・ティアニーがルイスとロブ・ホールディングの隣で、左サイドのセンターバックとしてプレーした。エインズリー・メイトランド=ナイルズが左ウイングバックに選ばれ、ヘクター・ベジェリンが右サイドに起用された。ダニ・セバージョスとグラニト・ジャカが中盤でペアを組み、ニコラ・ペペ、アレクサンドル・ラカゼット、ピエール=エメリク・オーバメヤンの3トップが前線に置かれた。もちろん、マテオ・ゲンドゥージやメスト・エジルはレギュラーに選ばれなかった。エジルに関してはこの試合に帯同することすらなかった。新型コロナによる規則もあり、決勝には帯同可能な人数も限られていた。そのため、アーセナルはエジルに数日前にトルコへの渡航許可を与えた。これはアルテタからの指示で、大きな試合の準備をしているチームの周囲にエジルを置きたくないという意思表示によるものだった。代わりに、トップリーグで出場経験のない若手のマット・スミスが選ばれた。

決勝戦はいわゆる歴史に残る一戦ではなかったが、ドラマに満ちていた。そして結局のところ、オーバメヤンの存在が両チームの差を生み出した。実際、チェルシーのスタートは良好だった。クリスチャン・プリシッチは開始5分で得点を決め、前半を通じてアーセナルを悩ませた。しかしアルテタのチームは徐々にチェルシーの戦術に慣れ、前半終了間際にオーバメヤンがセサル・アスピリクエタに倒されてPKを勝ち取ると、自ら決めて同点にした。ペペも素晴らしいフィニッシュでゴールを決めたかと思われたが、オフサイドで取り消された。それはカップファイナルを彩るゴールになりそうだったので、とても残念だった。ペペはシティでの準決勝のように、自信を持ってプレーしていた。アルテタの下で、彼が開花しようとしていることを感じさせた。

ハーフタイム直後にプリシッチはハムストリングを痛めて交代しなければならなくなり、それはチェルシーにとって、そして試合全体を左右する重要な交代だった。プリシッチはアーセナルの守備陣を苦しめていた、唯一の厄介者だった。彼がピッチから下がったことで、アーセナルにチャンスが生まれ、オーバメヤンが67分に勝ち越しゴールを決めた。それは、完璧なゴールだった。ベジェリンのランニング、ペペのパス、そしてオーバメヤンがクル・ズマをかわし、前進してくるウィリー・カバジェロの上をチップシュートが越えるところまで、すべてが美しいゴールだった。

無観客でのサッカーの良い点の一つは、試合中に選手たちの発言が聞こえることだ。オーバメヤンがズマを怯ませ、ゴール直前に彼を翻弄すると、自陣に戻ろうとするジョルジーニョから苦悩の叫びが聞こえた。「ああ！　ズマ！」と彼は言った。ジョルジーニョは、次に何が起こるかを知っていた。オーバメヤンがキーパーと一対一になった時、すべてが決まった。オーバメヤンのシーズン29ゴール目となるゴールは、チェルシーを絶望させた。アーセナルは、歴史上14回目のFAカップ制覇を果たした。アルテタは1987年のジョージ・グレアム[35]以来となる、監督就任1年目のシーズンでクラブに主要なトロフィーをもたらした監督となり、FAカップ決勝でキャプテンと監督を務めた初の人物となった。

「私が選手としてトロフィーを獲得した時以上に嬉しい。選手たちに感謝しなければならない。彼らは私がここにやって来た日から、本当に支えてくれた。また、素晴らしい仕事をしてくれたスタッフ全員と、私を信じ、この大きな名誉と信じられないほどよい機会を与えてくれた上層部の人々、そしてファンに感謝したい。私はこのクラブがとても好きだ。それがファンにとってどれほど意味があ

35 **ジョージ・グレアム**
1987年から1995年までアーセナルで監督を務め、堅牢な守備が武器のチームを築き、2度のリーグ優勝に導いた

るかを知っている。だから、幸せと誇りをファンにもたらすことを願うばかりだ」
とアルテタは後に述べた。

このFAカップ優勝がアルテタにとってどれほどの成果をもたらしたかを一言で表現するのは難しい。初めて監督を引き受けたという指導者が、崩壊寸前だったクラブに入り、成し遂げた偉業は注目に値する。あらゆる難題が降りかかってきても、彼はチームのレベルアップに取り組み続けた。明らかに、それは簡単な「航海」ではなく、リーグの成績に大きな改善をもたらさなかった。しかし、彼はシーズンをトロフィーと共に終え、アーセナルのヨーロッパリーグ復帰を確実なものにした。短い時間の中で、彼は質の高いコーチングと優れた人材活用を通じてチームを再び活性化した。エメリはロッカールームの信頼を失ったが、アルテタは違った。選手たちはアルテタと、彼の再建計画を信じていた。そのことは次のエミ・マルティネスの言葉からも伝わってきた。
「監督はチームの骨組みを作った。希望を与え、毎試合、ゲームプランを授けてくれる。ピッチ上にいるとき、彼がトレーニングで行ったゲームプランが実際に機能することがわかる。彼は素晴らしい監督だ。彼は半年で、すでに一つ目のトロフィーを獲得した。監督は自分自身のことを誇りに思うべきだ」

「ミケルが変えてくれた」

カップ戦の成功は、アルテタと彼のスタッフによる数か月間の激務の賜物だった。彼がアーセナルにやって来た瞬間から、彼はクラブにこれまでにないメンタリティを植え付けようとしていた。かつて、選手たちはベンゲルのもとで楽をし、エメリに対するリスペクトも欠けていた。それは全員ではなく一部だったが、そうした「甘え」は直ちに一掃された。アルテタにはこれまでのアーセナルでは見られなかったような冷酷さがあった。彼は最初の記者会見で、選手たちが指示に従わなかったり、期待する水準に沿って行動しなかったりした場合は、長くはチームに居られないと〝警告〟した。そして、選手たちはエジルやゲンドゥージが次第にチームで居場所を失っていった様子を見ていた。彼が冗談を言っているわけではないことを、彼らは思い知ることになった。誰であれ、いくら高額な給料をもらっていても、彼の期待に応えなければ、チームから外されることになるのだ。

決勝戦後のセレブレーションは最高の雰囲気だった。オーバメヤンがトロフィーを落としてしまい、皆が笑っていた。アルテタはメディア対応を終わらせた後、トロフィーを叩きながら更衣室に入っていき、選手たち全員が彼にシャンパンをかけながら踊り始めた。それはアルテタと彼のスタッフが、短期間でチームの信頼を得たことを象徴していた。オーバメヤンが更衣室でのお祝いの最中、彼の携帯電話に入力した二つの単純な言葉もそうだった。「我らの監督!」これがウェンブリーを離れる前に、アーセナルのキャプテンがソーシャルメディアに投稿したメッセージだった。彼とアルテタが腕を組んでトロフィーを持っている写真を添えた投稿だった。その時点で契約の延長は決まっていなかったが、進んでいる方向は明確だった。

アルテタのもとでの最初のシーズンは、終盤にポジティブなことが多かった。カップ戦の成功だけでなく、リーグ戦ではウルブスとのアウェイゲームで勝利した。ウルブスはヌーノ・エスピリトゥ・サントの下で、特にホームでの強さを誇っていた。また、アーセナルはこの年の2位と勝ち点18の差をつけてリーグタイトルを制したリバプールにも勝った。わずか数か月前までは崩壊寸前に見えた守備陣と中盤は、よく訓練されたユニットに変貌しつつあった。パンデミックの中で、アルテタが選手たちと賃金カットについて難しい、潜在的にダメージを与える可能性のある話し合いをしなければならなかった時、舞台裏で行われた仕事は印象的だった。経験の浅い監督にとって、そのようなデリケートな議論は取り扱いが難しかったが、その交渉の行き詰まりをアルテタは見事に打開したのである。それは彼がすでにチームの大多数から信頼を得ていたことを示すものであった。

ウェンブリーでの試合終了時、選手全員がアルテタのもとに駆け寄ったことで、彼が与えた影響は目に見えて明らかだった。彼はダビド・ルイスのようなベテラン選手を再び活性化させた。シュコドラン・ムスタフィも、シティとの準決勝で怪我をしてシーズン終盤の数週間を欠場するまで、良いプレーをしていた。グラニト・ジャカは、アルテタがクラブに来るまでは居場所を失っていた。しかしジャカは決勝戦後に、

「ミケルは私を変えてくれて、二度目のチャンスを与えてくれた。彼は私を信頼してくれて、私はそれに応えようとした。ミケルがこのクラブに来てから、多くのことが変わった。彼はチームのメンタリティを変えた。私たち選手だけでなく、グループ全体においてだ。全員が、正確に自分の仕事を知っている。私たち

は明確なゲームプランを持っている。私たちは、ポジティブな気持ちでトレーニングに向かっている」

と話し、アルテタに絶大なる信頼を置いていた。

シーズンの終わりに際立っていたのは、クラブを取り巻く興奮だった。FAカップ優勝は、素晴らしい結果だった。アーセナルのようなクラブにとって、トロフィーこそがすべてだ。しかし、人々を興奮させたのはその「プロセス」だった。アーセナルに楽観的な空気が戻ってきた。アルテタは過去数年で徐々に失われていた信念を取り戻したのだ。

2017年のFAカップ優勝とは、異なる感覚だった。もちろん、2017年の優勝も素晴らしく、チェルシーに対して信じられない勝利を収めた。しかし、それはラッキーパンチのようにも感じられた。あの日ウェンブリーを去る時、その優勝がアーセナルにとって何か新しい始まりだと思っている人はいなかった。少なくとも私は、アーセナルにとって繰り返されていることの一つに過ぎないと感じていた。ベンゲルとの契約を延長し、結局のところアーセナルが過去10年間やってきたことがこれからも続いていくと思っていた。

しかし、今回は違った。アーセナルを指揮していたのは、新しい監督だった。決勝後の記者会見でアルテタに投げかけられた質問の一つに、「この勝利はプロジェクトの最初の一歩ですよね？」というものがあった。これに対し、「そのとおり。これは最初の一歩だ。この先を楽しんでください。そして、まだ長い道のりがあることを知ってください」

とアルテタが答えていたのは印象深く私の記憶に残っている。

そしてその言葉こそ、われわれやファンに期待を抱かせるものであった。アルテタはこれで満足するつもりはなかった。彼にとっては再建の始まりに過ぎなかった。そしてそれは他の監督によって獲得された選手を使い、勝ち取ったトロフィーに過ぎなかった。ようやく、彼は自分が望む選手を獲得するチャンスを手に入れた。彼の哲学に本当に合い、彼が望むようにプレーできる新しい選手たちだ。例えば、3バックのシステムが長期的なものにはならないことは明らかだった。彼が本当に信頼する選手が加われば、いずれこのシステムを段階的に廃止することになる。

ただ問題は、新型コロナの影響で2019–20シーズンが予定よりも延び、8月まで続いたため、2020–21シーズンのスタートがすぐ数週間後に迫っていたことだった。さらにアーセナルはこの8月1日のウェンブリーでのFAカップ決勝戦後、8月29日にはコミュニティ・シールド[36]でリバプールと対戦しなければならなかった。つまり、祝福の余韻に浸る時間などなかったのだ。アルテタにとって初めてのフルシーズンがすぐ目の前に迫っていた。

36 **コミュニティ・シールド**
もともとはチャリティ・シールドという名前で知られ、チャリティへの募金を行うためにイングランドサッカー協会主催で1908年に開始された一戦。近年はシーズン開幕前にウェンブリースタジアムで前シーズンのプレミアリーグ優勝クラブとFAカップ優勝クラブが試合を行う

CHAPTER 3

リスペクト

［2020−2021年］

突然のチームスタッフのリストラ発表

FAカップでの優勝は、アーセナルにとって夏場に行われる移籍市場に向けての上昇気流となったが、チームの雰囲気はすぐに変わってしまった。それはピッチ上での出来事によるものではなかった。ウェンブリーで高揚感を得たその数日後、クラブが新型コロナウイルスのパンデミックによる「重大かつ長期的な財政的影響」を理由に、従業員55名をリストラすることがラウール・サンジェイとヴィナイ・ヴェンカテシャムの共同声明によって明らかになったのだ。

「こうした内容の提案は軽々しく行われるべきものではないことはわかっている。もちろん、この決定に至るまで支出に関してあらゆる面で検討した。真面目に働いている私たちのスタッフにとってこれはとても受け入れ難いことであるのは承知している。可能な限り十分な配慮をしながら対応にあたっていきたい」

このリストラの発表があったのにもかかわらず、チームへの投資を停止することはないことが明らかになったため、アーセナルはあらゆるところからの批判にさらされた。新しい契約を結び、新たな選手を獲得することが依然として行われ

ていたのであった。アーセナル側は、

「私たちの主な収入源はすべて著しく減少した。パンデミックは私たちの134年の歴史の中でも、最も努力を要する時期の一つとなり、私たちは迅速に広範囲にわたる措置を実施することでコストを削減した」

とコメントしつつ、チームが向上しなければクラブが財政的に安全であり続けることはないとの上層部の意図を表明した。

これはアーセナルにとって、大失敗だった。アーセナルのほかにもリストラを行ったチームはあったが、オーナーが約63億ポンドの資産を持っているとなると、弁明するのは難しくなる。スタン・クロエンケは、不確実な時期でも「もし望めば、そのスタッフ全員の給与を十分カバーすることができた」が、ファンの一部やファーストチームの選手たちの嫌悪や失望、フラストレーションを招きながらも、それをしないことを選択したのだった。

このリストラの発表の数か月前、選手たちは1年間の給与カットに同意するよう求められた。その大きな理由の一つは、節約されたお金が他のクラブスタッフの職を守るために使われるというものであった。給与カットを拒否し、一度もピッチに立っていなかったメスト・エジルは、リストラ発表の数日後に「The Athletic」の取材に対して次のように話した。

「給与カットに反対したことが、ピッチ上での私のチャンスに影響を与えた可能性がある。真実はわからない。でも、私は正しいと感じることのために立ち上がることを恐れてはいない。そして今、スタッフに何が起こったかを見ると、私は正しかったのかもしれない」

難航するウィリアン獲得に向けた交渉

このリストラの件以外にも、アーセナルを悩ませることがあった。チェルシーとの契約延長に合意できなかったウィリアンとの交渉が依然としてまとまっていない状態だったのだ。ようやく彼がアーセナルへの移籍を決めることが明らかになってきたが、一方ではスタッフのリストラという問題も抱えていた。クラブは従業員の約10パーセントにあたる55名の解雇を行っている一方、32歳の選手に週給10万ポンド以上での3年契約に加え、高額な契約金を用意していたというわけだ。アーセナルは悲惨ともいえる財政見通しにもかかわらず、長期的な視点でクラブを財政的に守る唯一の方法として、選手層への投資を続けることに固執していた。

このウィリアンの獲得は興味深いものだったが、後に完全な失敗であることが判明することになる。今では、ほとんどのファンが彼の名前を聞くだけで背筋が寒くなるほどだ。しかし、その当時はアーセナルにとってかなり賢明なビジネスのように思えた。ウィリアンは代理人キア・ジューラブシャンの顧客で、ジューラブシャンがアーセナルに与える影響が再び懸念されるようになったが、チェルシーでのウィリアンのパフォーマンスは素晴らしいものであった。

ウィリアンは32歳だったが、全盛期を過ぎた選手のようには見えなかった。彼は2019–20シーズンにリーグで9ゴールを決め、また、7アシストを記録し、これは彼の過去の最高記録に並ぶ数だった。チェルシーも彼の残留を望んでいたが、チェルシーが彼が求めていた3年契約ではなく、2年の延長を主張していたため、ウィリアンはチェルシーを去ることに決めた。

アルテタもウィリアンの大ファンだった。これは上層部から、彼に押し付けられた補強ではなかった。例えば、ニコラ・ペペのようなケースとは異なる。ウナイ・エメリが移籍に関しての発言権を持っていなかった時（彼はウィルフレッド・ザハを望んでいたが、クラブはペペを獲得した）とは違い、アルテタにはその権限が与えられていた。彼はウィリアンを獲得するため、他のクラブからのアプローチを拒否して自身のプロジェクトに参加するように、ウィリアンに熱心に訴えた。そしてそれが彼の獲得を決定づけることになった。

「私は彼が、チームにとって違いを生む選手だと信じている。攻撃的ミッドフィルダーとウインガーのポジションを強化するという明確な意図があり、彼はその双方を持ち合わせる柔軟性を備えた選手だ。彼が語ったことすべてに感銘を受けたし、彼が来たいと強く望んでいたことも嬉しく思っている」

とアルテタはウィリアンの移籍が発表された際に述べた。

代理人依存からの脱却

ウィリアンに関する一件は、アーセナルのコネクションによって成立した補強だった。サンジェイとエドゥがキア・ジューラブシャンと築いていた関係は、取引を容易にした。サンジェイがバルセロナからアーセナルに加入してから、アーセナルはコネクションを重視するアプローチを好んできた。ウィリアンの加入により、クラブが直近で獲得した4人の選手のうち3人がジューラブシャンのクライアントとなった。そこにはダビド・ルイスとセドリック・ソアレスが含まれる。ウィリアンが契約書にサインしている写真は、実際はジューラブシャンの自宅で撮影され、それはサッカー界で最も強力な代理人の一人とアーセナルの上層部との間に、どれほど親密な関係が築かれていたかを示していた。だがサンジェイの運営方法はかなり警戒され始めていた。サッカー業界で働いている人々と会話すると、アーセナルがいかに限られた一部の強力な代理人に依存しているかに驚いている人は少なくなかった。パブロ・マリの代理人であるアルトゥーロ・カナレスもその一人だ。カナレスは2018年にエメリが任命された際に重要な役割を果たし、チームにおいて重要な人物となっていた。

アーセナルはスカウトネットワークを解体したばかりで、これはクラブ内での代理人の影響力が増しているという噂を後押しすることになった。スカウト部門の主要人物には、夏の初めに仕事を失うことが伝えられた。これはエドゥが実施した調査結果によるものであり、彼が採用部門に自身の設計図を実装しようとしていたからだった。

当時は大きな衝撃だった。というのも、これはアーセナルにとって大きな変化だったからだ。ベンゲルは長年の在任中に慎重にアーセナルのスカウトネットワークを構築し、フランシス・カギガオが圧倒的な存在感を示していた。1996年にベンゲルのためにスカウトを始めたカギガオが構築したネットワークには定評があり、カギガオは業界内では尊敬されていた。彼はアーセナルでの在籍中に多くの成功物語を生んできた。セスク・ファブレガス、ホセ・アントニオ・レジェス、アレクサンダー・フレブ、ロビン・ファン・ペルシ、サンティ・カソルラ、エミ・マルティネス、カルロス・ベラ、エクトル・ベジェリン、ナチョ・モンレアルは、彼の推薦によって2003年から2013年の間に加入した。この期間にカギガオは南ヨーロッパと南アメリカ地域でスカウト責任者を務め、最終的にはグローバルスカウトの責任者に昇進した。

カギガオの解雇が明らかになったとき、さらにブライアン・マクダーモット、ピーター・クラーク、タイ・グッデンなど他のシニアスカウトも解雇されたとき、サンジェイとエドゥのもとでアーセナルはいったいどこに向かうのだろうかと業界内に困惑も生まれていた。

　エドゥは、彼が古臭いと感じていたリクルートメントを止めたかったのだ。世界中にネットワークを張り巡らせてスカウトするのではなく、データ分析企業であるStatDNA[37]と協力しながら適切な選手を獲得するというやり方を望んでいたのである。

「私はすぐに相談できる間柄の少人数のメンバーと共に働きたい。一つの地域でしか、一つの国でしか働かないというような人を望んでいない。一人の人がより多くの責任を持ちながら仕事をするべきだ。それが私のビジョンだ。このプロセスで最も重要なことは、正しい決定を下すべく、おのおのが責任を明確に理解していることだ」

　とエドゥは説明した。

　この言葉は、まさにエドゥがクラブで自身の影響力をより強めることを狙ったものだった。カギガオなど昔からいた人にとってみれば、アーセナルではなく、他の場所へと移るべき時がやってきたのだった。私は解雇直後のカギガオに、アーセナルが進んでいる方向について懸念しているかどうかを尋ねたことがある。

「コメントすることはない」

　と、カギガオは微笑みながら答えるだけだった。そして彼は、データだけに依

37 StatDNA　アメリカ発のサッカーのデータ分析分野における最先端企業で２０１２年にアーセナルが買収した。現在はArsenal Data Analyticsという名前でアーセナルお抱えの分析機関的な立ち位置となっている

存していれば、アーセナルがラ・マシアで15歳のファブレガスを発見することは「不可能」だったと述べた。さらに次のように続けた。

「最良の組み合わせは、経験豊富かつ、よく訓練された目とデータ、そして現代の技術を使った選手分析だ。その組み合わせがうまく機能することがサッカークラブにとってベストだ。これはアーセナルだけではなく、どのサッカークラブについても言えることだ。もちろん、各クラブは自分たちの財政状況や必要性に応じてリソースを調整する必要がある。しかし、一方または他方のどちらが重要なのかという議論があるとは思っていない。スカウトと補強の場面で、これらすべてが必要な要素であることは明らかだ。つまり、どちらがよいかという議論の余地はない」

カギガオは夏の移籍市場がスタートした頃にアーセナルを去ったが、そのシーズンの移籍においてウィリアンを獲得したことは、カギガオがクラブから去っても彼の影響が大きかったことを表すものであった。そしてカギガオに続いてサンジェイが8月15日に突然解雇されるというさらなるドラマが待っていた。

サンジェイの解雇は、過去アーセナルがサッカークラブとしてどのような進化を遂げてきたのかを考えれば、大きな衝撃だった。サンジェイは2017年にイヴァン・ガジディスによって任命され、当初はサッカー関係の責任者として就任した。彼は14年間バルセロナで活躍し、交渉スキルを有し世界中に広がるネットワークを持つ人物として、アーセナルに加わるとすぐに強力な権力を持つ存在になった。2018年夏にガジディスがACミランへ驚きの移籍を果たしたことで、その最大の恩恵を受けたのがサンジェイだった。

当時、アーセナルのリクルートメント責任者であったスヴェン・ミスリンタットと一緒に、ベンゲルがクラブで実施していた選手補強モデルから新しいモデルへと移行するためにサンジェイはクラブに加入した。しかし、ガジディスが去った後、上層部の構造が刷新され、サンジェイはクラブのサッカー面を統括する立場に昇進し、マネージングディレクターのヴィナイ・ヴェンカテシャムと連携することになった。

その後、サンジェイはテクニカルディレクターを任命するプロセスを主導した。ミスリンタットは新しいポジションへの意欲を示していたが、その希望は叶えられることはなく、彼はわずか14か月後に辞任した。ミスリンタットは、面白い人物だった。彼はしばしば試合後にグラウンドの周りでビールを飲んでいた。彼は典型的なクラブの幹部というタイプではなかったが、才能を見極める目には定評があった。ドルトムントでの実績がそれを証明している。彼はテクニカルディレクターの役割を約束されていたと信じていたが、ガジディスが去ると彼の権力は一夜にして消え去り、サンジェイがアーセナルで強い権力を持つことになった。

サンジェイは2019年7月にエドゥをクラブに連れてきたが、エドゥは第一候補だったモンチの代役だった。スペイン人のモンチは2013年から2016年、セビージャに在籍していた頃、エメリをサポートし、「ヨーロッパ最高のスポーツディレクターの一人」としての地位を築いた。その後2017年にローマに移籍したが、イタリアでは定着することができなかった。そんななか、アーセナルはエメリをサポートする役割を担う者としてモンチをイングランドに連れてくることを目指して、一時期はそれが実現しようとしていた。しかしモンチは2019年3月にローマを離れてスペインに戻り、セビージャに復帰することを決めた。

サンジェイは魅力的な人物だった。彼は時々エミレーツのメディアルームに来て、試合前にジャーナリストたちとよく話をしていた。話題はいつもアカデミーについてであった。彼はいつも、アーセナルが「自分の在籍中にバルセロナが享受した成功を模倣しようとすること」を望んでいる、と私に伝えた。彼はラ・

マシアから多くの才能を輩出したバルセロナのように、アーセナルのアカデミーからも優秀な選手を輩出することを熱望していた。アンフィールド[38]での試合の前、私がスタジアムに向かって歩いていたとき、彼はアンフィールド・ロード・エンド[39]の後ろで車から降りた。そこには多くのアーセナルのファンがいて、デイヴィッド・オレアリーといたのだが、アーセナルのファンがサンジェイの周りに集まり、一緒に写真を撮ってほしいと頼んだ。リバプールのファンが私のすぐ隣でアーセナルのサポーターに声をかけ、サンジェイが何者なのか尋ねた。

「彼はやっとお金を使ってくれた人だよ」

とアーセナルのファンが答えた。その言葉が象徴しているのは2019年の夏の移籍市場で起きたことだ。アーセナルはリールからニコラ・ペペをクラブ史上最高額となる7200万ポンドで獲得して驚かせた。当時ペペは注目の選手で、フランスで22得点を決めたシーズンを終えたばかりだった。多くのトップクラブが彼を欲しがっていたが、アーセナルが彼を獲得したのだった。その当時、ファンはペペの獲得に興奮していた。

しかし、ペペがプレーすると、彼は7200万ポンドの選手ではないことが明らかになってしまった。彼は良い選手ではあったし、2019–20シーズンのFA

38 **アンフィールド** リバプールのホームスタジアム

39 **アンフィールド・ロード・エンド** アンフィールドの観客席の一角で、熱狂的なホームサポーターが観戦するKOPスタンドの反対側のゴール裏に位置するカップ優勝にも貢献した。しかし、彼の能力が発揮される場面は限られてしまっていた。お金の使い方に慎重だったクラブが7200万ポンドを投資したことを考えれば、ぺぺの活躍は十分なものではなかった。

2020年7月、クロエンケ家はパンデミックの中でクラブの財務状況を調査するためにティム・ルイスを取締役に任命した。ロンドンを拠点とする国際法律事務所クリフォード・チャンスのパートナー弁護士であるルイスは、クロエンケ・スポーツ&エンターテインメント（KSE）がアーセナルに関与していた間ずっとKSEと協力してきた。それは2007年のことで、スタン・クロエンケがITV plcから最初にアーセナルの9・9%の株式を購入した時だった。そして2018年にはKSEがエミレーツでのアリシャー・ウスマノフとの全面的な支配をめぐる長期にわたる闘争に最終的に打ち勝ってクラブの完全な買収を完了した。

クロエンケ家はルイスに絶大な信頼を置いていた。ルイスが非常勤取締役として任命されてから1か月以内に、提案されていた55人の削減が発表され、それからわずか数週間後には、サンジェイがクラブを去った。アーセナルはサンジェイの退職が彼の移籍市場での取引に関連しているわけではないと主張し、また、リールと合意したペペの移籍金とその取引の経緯を具体的に調べる内部調査もないと主張していた。ヴェンカテシャムとエドゥがすでに配置されているため、サンジェイの役割が不要になったということにされていた。クラブの効率化を図るために行われたもので、解雇は友好的なかたちで進められたことを関係者は強調しようとした。しかし、サンジェイは去ることを望んではいなかった。

サンジェイの件はそれほど大きな驚きをもたらすものではなかったが、夏の移籍期間の真っ只中であり、オーバメヤンの新契約もまだ未署名であったため、そのタイミングは理想的ではなかった。しかしアーセナルは、当時最有力ターゲットとして追い求めていた選手はエドゥと契約スペシャリストのハス・ファーミーが交渉をリードすれば完了できると自信を持っていた。エドゥにとっては大きなチャンスであり、サンジェイの退職によりクラブでの彼の権力が増し、それはアルテタについても同じことがいえた。官僚制が取り除かれたことで、アルテタの影響力はこれまで以上に大きなものになった。これは、アルテタとエドゥのパートナーシップの始まりであり、数年間クラブに大きな影響を与えることになる。しかし、当時のアルテタは、アーセナルに来たばかりであったので、舞台裏で起こっていることにまではあまり目がゆき届いていなかった。

サリバの獲得、コミュニティ・シールドでの勝利

サリバは1年前にサンテティエンヌからアーセナルに加入したが、2019–20シーズンはリーグ・アンのクラブにレンタルで戻っていた。アーセナルにやってきたとき、彼は注目されていた選手で、トッテナムも最後の最後まで彼を獲得しようと最善を尽くしていた。しかし、アーセナルが獲得レースに勝ち、それはフランシス・カギガオと彼が構築したネットワークの功績によるところが大きかった。シニアスカウトのブライアン・マクダーモットと、当時アーセナルのフランス主任スカウトだったタイ・グッデンも、サリバの獲得に深く関与していた。彼らはサンテティエンヌでプレーするサリバについてのすべてのレポートをまとめ、彼のプレーを分析していた。

これは、リクルートメントチームが解体され、主要人物が解雇される前に行った作業の一例だった。サンテティエンヌからの復帰後、サリバがそのシーズンに大きな影響を与えることを誰もが期待しており、MKドンズとのフレンドリーマッチでは彼に注目が集まった。4–1で勝ったものの、サリバのプレーは45分

のみだった。サリバが再びアーセナルでプレーをするまでそれから2年も待たねばならなかった。そんなことを誰が予想できただろうか。

サリバは、その数日後に行われたリバプールとのコミュニティ・シールドでもベンチに座っていた。アーセナルのキャプテンによる素晴らしいゴールで先制したが、その後、南野拓実の得点で追いつかれ、最終的にはPK戦にもつれ込み、アーセナルは、優れたパフォーマンスで前年の王者を叩きのめした。新たに加入した選手たちは出場しなかったので、コミュニティ・シールド決勝はFAカップで成功したアプローチに近く、堅実な守備でリバプールを抑え、オーバメヤンが攻撃で違いを作った。

ファーストチームのマネージャーに

アルテタの選手起用法は、興味深いものだった。エインズリー・メイトランド＝ナイルズがウイングバックで起用され、エミ・マルティネスがベルント・レノに代わって先発した。マルティネスとレノの両選手とも、その時期に移籍の噂があった。ウルブスはメイトランド＝ナイルズを獲得するためにかなり力を入れており、その夏に2回の入札を行っていた。2回目の入札で提示された額は2000万ポンド以上で、アーセナルはこれを拒否した。メイトランド＝ナイルズは、FAカップでのマンチェスター・シティとチェルシーに対する勝利でも活躍し、リバプール戦でも印象的なプレーを披露した。彼はいくつかのポジションでプレーでき、アルテタは彼を高く評価しているようだった。そのため、ウルブスのオファーを拒否するのは賢明な決断のように思われた。

メイトランド＝ナイルズは地元出身の選手で、ファンからの人気も高く、チームに多様性をもたらしていた。そしてイングランド代表に選出されるほどコンディションは良好な状態にあり、飛躍のシーズンを迎えると思われていた。しかし、6か月以内に、彼はウェストブロムにレンタルされることになる。アーセナルのスカッドに近い人々と話をするときによく耳にするのが、アルテタが特定の選手とのコミュニケーションに手を焼いているというものだ。チーム内の評判が良くても、アルテタから急に評価されなくなり、突然外されてしまうこともある。アルテタは、なぜそのような決断をしたのか、なぜスタメンに選ばないのかを説明するために選手に声をかけるタイプの人物ではない。多くの人々は彼が監督として成長し続けるためには、それを改善する必要があると感じており、それが近年アーセナルにとって心配の種になっている。

メイトランド＝ナイルズはその一例だった。ウルブスが彼にオファーを出したとき、アーセナルは約2000万ポンドを得ることができたかもしれないが、アルテタは拒否した。しかしそれから数か月も経たないうちに、アルテタはメイトランド＝ナイルズを使うのを急にやめてしまい、その結果として彼の価値は急落した。マテオ・ゲンドゥージのケースも似ていたが、彼の場合は少し扱いにくいものだった。

しかし、他チームからのオファーを断るということは、クラブのアルテタへの信頼の表れであり、さらに大きな信頼が新シーズンの直前に示された。クラブがアルテタの昇進を発表したのだ。彼はもはやヘッドコーチではなく、ファーストチームのマネージャーとなった。これはアーセナルの大きな方向転換であり、オーナーと取締役会がアルテタの手腕にどれほど感銘を受けているかは明らかなものとなった。

ベンゲルがアーセナルから去ったあと、クラブは一人の人間がクラブに多大な影響力を持つやり方を敢えて避けていた。かつてガジディスによって始められ、サンジェイが継承したやり方は、複数人が責任を共有するというものだった。これはヨーロッパの他のビッグクラブの多くがそうであったように、クラブの運営方法を近代化するためにはそうすることが必要だったのだ。何らかの理由でヘッドコーチがクラブを離れる必要がある場合、その混乱を最小限にとどめるために、という意味もあった。したがって、ヘッドコーチではなく、ファーストチームのマネージャーが影響力を持つというモデルに戻ることは大きな変化であった。もしサンジェイが依然として物事を取り仕切っていたら、こうした変化は起こらなかったはずだ。それは彼が後のインタビューでも認めている。

クロエンケとヴェンカテシャムは、パンデミックという難しい状況の中でアルテタが取り組んできた仕事をよく理解し、それを高く評価していた。そして彼らはアルテタがクラブ全体の様々な分野に積極的に関与するようになっていたことから、アルテタの肩書きを、実際の仕事量を反映したものに変えるべきだと感じていた。アルテタの昇進の発表後、私はZoomを通じてヴェンカテシャムとエドゥと話をする機会があり、ヴェンカテシャムは昇進に際して次のような考え方を説明した。
「ミケルはヘッドコーチとして加入したが、だが彼はみなさんのご存知の通り、一日目からヘッドコーチ以上の存在だった。彼は常に、ヘッドコーチがやるべき以上の仕事を行っていた。クラブの134年の歴史の中で、おそらく最も厳しい時期にクラブにやって来た」

在任期間が短いのにもかかわらず、アルテタを昇進させるということは、彼への大きな信頼の表れだった。アルテタは大きな決断をすることを恐れず、非常に厳しい状況を乗り越え、それに加えてFAカップ優勝を果たした。また、エドゥと優れた仕事上の関係を築き上げ、その関係性はスカッドの再構築を成功させるためには不可欠だった。新シーズン直前には、フレディ・ユングベリがコーチングスタッフから去ることになった。彼は監督としての新しい仕事を探したいと考えていた。一方、ブレントフォードからアンドリース・ゲオルグソンが、セットプレーの専門家としてチームに加わった。ブレントフォードに1年間だけ在籍していたこのスウェーデン人コーチは、アルテタとの話し合いの末に西ロンドンのクラブから引き抜かれた。ゲオルグソンはアーセナルにやって来た理由をこう述べている。

「私はこれまでずっと、スウェーデンでコーチとして経験を積んできた。興味を持っているが、まだ十分な知識を得ていないと感じている分野があるとすれば、それは戦術面だ。スペインのコーチ、特に優れたコーチたちは、この分野において豊富な知識を持っている。ミケルの場合、彼は選手としての十分な経歴に加え、勝者のメンタリティも兼ね備えている。勝利のためにあらゆることを向上させていくことに彼は全身全霊を捧げている。そしてミケルには情熱がある。さらに謙虚でありつつも、自分のやることに自信を持っている。しかし、改善が必要な分野を見つけると、勝つチャンスをより高めるために、自分自身を掘り下げる意欲がある。もし私がアーセナルに行けば、これらすべてを学べると感じた」

ガブリエウの獲得

夏の時点で、アーセナルはウィリアンをフリートランスファー[40]で獲得しており、フラムとのプレミアリーグ開幕戦を前に、リールからセンターバックのガブリエウ・マガリャンイスの加入を決めていた。

　このブラジル人DFはその夏の補強の主要なターゲットであり、この取引に多くの時間を費やしていた。左センターバックを補強することがチームの優先事項であり、ガブリエウはアルテタとエドゥが守備を強化するために必要だと考えた選手だった。ガブリエウはずっと前からアーセナルの獲得候補リストに名を連ねており、エドゥは多くのヨーロッパのクラブが関心を寄せていた選手を獲得することに成功したのであった。

「ガブリエウは守備を、そしてチーム全体を強化する多くの資質を持っている。彼はリールで、多くの優れた属性を持つディフェンダーであることを証明しており、アーセナルの選手として成長するのを見ることを楽しみにしている」

　とガブリエウの獲得についてアルテタは述べた。

　その頃、ガブリエウとサリバがアーセナルで新たなセンターバックの関係を築きあげていくことが期待されていた。私たちは、昇格したばかりのフラムとのプレミアリーグシーズン開幕戦に向け、クレイヴン・コテージ[41]に向かい、2人が先発メンバーに名を連ねるのを心待ちにしていた。しかし、クレイヴン・コテージ

40 フリートランスファー
選手の所属クラブとの契約満了後、契約解除の違約金の支払いが必要のない移籍。ただし、移籍金は発生しない代わりにその分選手の給与が高額となることが多い

41 クレイヴン・コテージ
フラムのホームスタジアム

に到着したバスからサリバは降りてこなかった。彼の不在は怪我によるものと思われたが、すぐにそうではないことが明らかになった。アルテタは彼を外す決断をしていたのだ。

「彼が私たちのプレースタイルに適応し、言語やリズム、そしてプレミアリーグならではの身体的な要求に慣れるのには時間を要するだろう。彼が昨シーズン、怪我でほとんど試合に出られなかったことも念頭に置く必要がある。したがって彼にとって良い試合と環境を見定める、そんな忍耐の時間が必要だとみている」

サリバの不在は問題にならず、アーセナルは3‐0で快勝した。ガブリエウはデビュー戦で得点し、ウィリアンは2アシストを記録し、オーバメヤンとラカゼットも得点した。これはアーセナルにとってシーズンの完璧なスタートであり、コミュニティ・シールドでの勝利からの勢いを継続するものだった。

またその頃には、オーバメヤンとの新たな契約が交わされることが公になっていた。彼はドルトムントからアーセナルに移籍し、数多くの得点を決め、アーセナルの成功にとって絶対に欠かせない存在だった。FAカップの獲得にも貢献したばかりだったので、31歳のストライカーとの契約を疑う者はいなかった。アーセナルはエジルと同様のことをして失敗していたが、オーバメヤンにも同じことが起こるとは誰一人想像していなかった。

「ピエールが私たちと一緒にいてくれることが重要だ。彼は素晴らしい選手で、信じられないほどの強いメンタリティを持っている。彼はチームにとって重要なリーダーであり、チームの大きな部分を担っている。彼も世界最高の選手の一人としてアーセナルでプレーすることを望んでおり、足跡を残したいと考えている。彼はここで、それを達成することができる」

とアルテタはコメントした。

アーセナルはフラムでの開幕戦勝利に続き、エミレーツでウェストハムに2–1で勝利し、シーズンスタートから6ポイントを獲得した。ダニ・セバージョスがチャンスを演出し、エディ・エンケティアが後半に決勝点を決めた。セバージョスはレアル・マドリードからアーセナルに戻り、2回目のローン移籍を決めていた。

そのウェストハム戦の数日前、アーセナルはアストン・ヴィラとエミ・マルティネスを2000万ポンドの移籍金での取引に合意した。前シーズンの終わりの彼のパフォーマンスを考えると、彼が去るのは残念なことだった。しかし、マルティネスは守護神になりたかったのだ。彼は長い間、様々なクラブにレンタルされたり、様々なキーパーの控えを務めたりしていたので、誰よりもレギュラーへの気持ちが強かった。アルテタは彼に常にナンバーワンはいないと伝え続け、練習で自分に対してプレーする価値を証明したキーパーを選ぶと言っていた。

コミュニティ・シールドではマルティネスがスタメンを務めたが、プレミアリーグの開幕戦ではレノが起用された。その時点でマルティネスとヴィラとの交渉が続いており、ほどなくしてヴィラへの移籍が確定した。この移籍は、多くの議論を巻き起こした。クラブでの出場試合数を考えれば悪くない金額だったが、多くの人々はマルティネスはレノよりも優れたキーパーだと信じていた。

しかし、特に当時の財政状況を考えると、無観客で試合が行われていたため、アーセナルが両方の選手を保持し続けることは困難だった。彼らはキーパーの一人を放出しなければならず、マルティネスにはレノよりも多くのオファーがあった。アーセナルはすぐにアレックス・ルナルソンをナンバー2のGKとして迎え入れることを検討し、フランスのディジョンからアイスランド代表の加入が決定された。しかしこれは結果的に「大失敗」ともいえる契約となってしまった。ルナルソンはアーセナルのようなクラブでプレーするレベルには程遠い選手だったのだ。

2020-21シーズン開幕、パーティの加入

混沌とした雰囲気の中、新たなシーズンが始まった。9月に行われたフラムとウェストハムとの試合に勝った後、アーセナルはリバプールとマンチェスター・シティに敗れ、10月のシェフィールド・ユナイテッド戦には勝利した。また、リーグカップではリバプールにPK戦で勝利し、その前のラウンドでレスターに勝利していたため、ヨーロッパリーグのグループステージでも好調な滑り出しを見せた。

しかし、シーズン開始の数週間で最も大きな出来事は、移籍期限日に発表されたトーマス・パーティの獲得だった。チームは中盤の強化を願っていて、パーティは常に優先すべきターゲットだった。ずっと前からパーティの代理人を通じて準備が進められており、その夏もそれは継続されていた。カギガオは過去に何度もクラブにこのミッドフィルダーを獲得するよう推薦しており、彼に関する詳細なレポートがカギガオのスカウティングチームからクラブの上層部に渡され、山のように積みあがっていた。パーティ自身もかなり前から、アトレティコからアー

セナルへの移籍を熱望していたが、アトレティコは売却しないというメッセージをアーセナルに伝え続けていた。

アーセナルは、パーティの契約に4500万ポンドの契約解除条項[42]があることを知っていたので、交渉が長引くにつれてアトレティコの態度が軟化すると考えていた。しかし、最終日が近づいても、アトレティコが譲歩することはないということが明らかになり、アーセナルは決断を迫られた。最終日の前夜にエミレーツで行われたシェフィールド・ユナイテッド戦の取材で得た情報では、これ以上の交渉は行われないだろうということだった。私は静かな移籍期間の締めくくりを予想して家に帰ったが、翌朝、パーティに関して何かが起こるかもしれないという情報をいくつかの異なる情報源から入手した。ある情報源からは、クラブが彼の契約解除条項を発動しようとしていると、別の情報源からは、クラブの法務チームがロンドン・コルニーに集まり、土壇場での移籍に取り組んでいるとの話を掴んだ。

移籍のニュースというのはかなり重要で、特にソーシャルメディアの世界では反響が大きい。このニュースを報じる時、どれほど緊張したか今でも覚えている。[43]私が緊張していたのは内容についてではなかった。なぜなら、私の情報は正当な

42 **契約解除条項**　あらかじめ選手との契約に設定する、一定額の移籍金のオファーが届いた際には自動的に選手と所属クラブの契約を解除し、移籍先クラブとの交渉を可能にするような条項。パーティのケースで言えば、4500万ポンドの移籍金を提示すれば、アーセナルはアトレティコ側の意向には関係なくパーティの獲得が可能だった

43 **トーマス・パーティのアーセナル移籍**　多くのサッカーファンにとって青天の霹靂だったトーマス・パーティのアーセナル移籍だが、本書の著者、ワッツ氏は移籍が成立した日に最も早くこの情報を報じた記者の一人だった

ものであり、すべて確認されていたからだ。しかしソーシャルメディアにおいて、それは重要なことではない。移籍が確定するまでにはまだ長い道のりがあり、何かがうまくいかずに実現しなかった場合、私がそのことで非難を浴びることになるとわかっていた。ソーシャルメディアとは、そういうものだ。

そうした想いを抱きつつも、私はパーティの獲得を、ソーシャルメディアを通じて伝え、結局アーセナルはその日にパーティとの正式な契約にこぎつけた。これはクラブにとって大きな獲得であり、アルテタが強く推進していたものだった。彼は、強力なセントラルミッドフィールダーがアーセナルでの再建計画に不可欠であることを知っており、パーティは技術的にも身体的にも試合に変化をもたらすあらゆる特性を備えていた。さらに彼はチャンピオンズリーグの経験を持っていたことからビックマッチにも強いと期待されていた。この獲得は、クラブ内で大きな興奮を呼び起こした。アルテタはパーティについてはこのようにコメントしている。

「彼はチームに異なるものを与えられる、才能のある選手だ。彼は私たちが望む方法で、チームを変革することができる」

こうしてアルテタとエドゥにとって初めての夏の移籍市場はパーティの獲得劇

で終わった。サンジェイが退任前にウィリアンとガブリエウの交渉の大部分を率いていたが、エドゥが状況を引き継いで取引を成立させた。アーセナルはリヨンのプレーメーカー[44]、フセム・アワールにも強い関心を持っていたが、オファーを何度か拒否された後に撤退した。その夏の補強はパーティ、ガブリエウ、セバージョス、ウィリアンであり、チームの中核が強化された。アルテタは、彼が望む方法でチームをプレーさせることができると感じた選手たちのグループをまとめ始めていた。夏の新加入選手たちはチームに新しい色を加えたが、〝余剰戦力〟も残っていた。舞台裏ではさらなる難題が待ち受けていた。

エジルがスカッドから外される

10月20日、プレミアリーグに挑む25人のスカッドが発表された。アルテタは選手が多すぎるので、2人を外さねばならないと考えていた。そしてエジルとソクラティスが退くことになり、両選手はヨーロッパリーグのグループステージのスカッドからも外された。これは、最短でも2月までどちらの選手もプレーするこ

44 **プレーメーカー** 主にパスで試合を組み立て、チームメイトにチャンスを演出できるような攻撃的MFのこと

とができないことを意味していた。2人を外したことについてアルテタは次のように述べていた。

「きちんとその理由を話したが、実際に伝えるのは本当に難しかった。しかし彼らは私の決定を尊重してくれた。できる限り最善の方法でトレーニングしてもらい、彼らがチームをどうサポートできるか、状態を見守る必要がある」

エジルをスカッドから外すことは、大きな話題になった。彼はクラブで最も給料の高い選手だったが、10月末から数か月間はプロとしてサッカーをプレーすることができなくなったのである。この一件はエジルがソーシャルメディアで反応したとき、さらに大きな事態となった。

「私はプレミアリーグシーズンのメンバーに登録されないという事実に本当に深く失望した。2018年に新しい契約を結んだ際、私は愛するクラブであるアーセナルに対して忠誠を誓ったが、これが報われないことに悲しみを感じている。今、その忠誠心はほとんど失われてしまった」とエジルは投稿した。

エジルはサポーターの間でも、意見が分かれる存在だった。彼は世界中に、熱狂的なファンを持つ選手だ。アーセナルのファンの中にはクラブの決定に同意する人々も多かったが、エジルが受けている扱いに怒る人々も少なくなかった。彼らは、この創造的なアタッカーが、パンデミックの初期にクラブが推進していた給与カットを拒否したことだけでなく、2019年12月にソーシャルメディアの投稿で中国のウイグル・ムスリムに対する扱いを批判したことによって罰されていると感じていた。この投稿は、中国で激しい反発を引き起こした。中国でプレミアリーグを放送する2社は、アーセナル対マンチェスター・シティの試合を放送することを拒否した。最終的に試合が放送されたときも、解説者たちはエジルの名前を口にすることはなかった。そしてサッカーゲームからもエジルのアバターが削除されることになった。アーセナルは、中国のソーシャルメディアサイトWeiboで声明を発表することで、中国でのビジネス上の損害を最小限に抑えようとした。「メスト・エジルがソーシャルメディアで行ったコメントに関して、アーセナルは明確な声明を出さなければならない。あくまでもエジルの個人的な意見であり、アーセナルはサッカークラブとして、政治に関与しないという原則を常に守ってきた」

エジルの支持者たちからすれば、同じ時期に起こった他の事件と比べると、クラブの声明があまりにも偽善的であるように思えた。オーバメヤンが2020

年10月にナイジェリアでの警察の残虐行為に対する抗議を支持するツイートをした際、アーセナルはオーバメヤンから距離を置くことはなかった。実際、アーセナルはクラブ公式のソーシャルメディア上で「ナイジェリアのファンのみなさんへ。私たちはあなた方を見ている。私たちはあなた方の声を聞いている。私たちはあなた方を感じている」とのコメントをしたように、オーバメヤンを支持する姿勢を示していた。

またヘクター・ベジェリンは社会問題について積極的に発言する選手だった。彼は2019年12月の英国総選挙の日にソーシャルメディアを通じて保守党とボリス・ジョンソン首相に投票しないよう有権者に促した。「今日はすべてのイギリス人にとって、あなたの未来とここに住む人々に起こることに、影響を与えられるチャンスの日だ #FuckBoris #GoVote」とベジェリンは投稿した。それは、政治的で過激な内容だったが、アーセナルはベジェリンを守った。

エジルのファンが感じていた不公平感は、これらの出来事によってさらに強まった。

「厳しい判断をくだされても、私は考え方を変えることはないと約束する。私は最善を尽くしてトレーニングを続け、非人道的なことに対して、そして正義のために可能な限り声を上げることを続けたい」

と、プレミアリーグのスカッドから外された後にエジルは発言した。しかし、アーセナルはエジルの排除がサッカー以外の何かに関連しているわけではないと主張した。情報筋は一貫して、彼のソーシャルメディア上のコメントが排除の理由になったわけではないと否定し、中国を批判する彼の投稿の後も数か月間、彼がプレーしていたことを指摘していた。彼はコロナウイルスによるロックダウンまでの3か月間、レギュラーとして13回プレーし、アルテタが指揮を執った11試合のリーグ戦のすべてに先発した。

「エジルの言動や給与カットへの彼の抗議とは何の関係もない。私の決断によるものだ。私から言えることは、その決断はサッカーに関することによって行われたものであるということだけだ。私の心はとても穏やかだ。なぜなら、私は彼に対して本当に公平だったからだ」

とアルテタはエジルを外したその理由を問われた際、こう断固として述べた。

ごく単純な事実として、アルテタはエジルとは別の道を歩みたいと思っていた。彼はエジルのトレーニング中の態度が気に入らなかったのだ。アルテタは、エジルには十分といえるほどのチャンスを与えたと考えていた。しかしこの件は厄介なPR合戦に発展し、それはエジルと彼の取り巻きが得意とするやり方だった。それを象徴する出来事は、アーセナルのマスコットであるガナザウルスを巡る一件だ。ジェリー・キー、過去27年間ガナザウルスの役割を果たしてきた人物が、給与削減の一環で解雇されたことが明らかになり、エジルはすぐさま彼の給与を私的に支払うと公然とオファーを出した。そして、彼はすべてのソーシャルメディアページにそれを掲載した。確かにそれは巧みな手法だったが、エジルと彼の取り巻きはアーセナルの経営陣を激怒させた。さらにこのことは、パーティを4500万ポンドで獲得した翌日であったことからも、クラブに計り知れない悪評をもたらすことになった。

これらは少々馬鹿げた出来事だった。クラブがガナザウルスを解雇しているかのように描かれたが、実際には恐竜のスーツの中の人、キーを解雇していたのだ。アーセナルはこの決定をたしかに下したが、それはその時点でキーの仕事がなかったからだ。観客との交流や若いファンとの交流がマスコットの主な役割だ。しかし、無観客で試合が行われ、ソーシャルディスタンスを保つ必要があり、マスコットの出番はなくなっていたのだった。

得点不足、連敗という負のループ

ピッチ上では、シーズンの始まりから安定感を欠くパフォーマンスが続いていた。ヨーロッパリーグのグループステージでは順調だったが、プレミアリーグでは苦しんでいた。しかし、レスターにホームで敗れた後、11月1日にアーセナルはマンチェスター・ユナイテッドとのアウェイゲームに1‐0で勝利した。パーティは中盤を支配し、ガブリエウは守備で素晴らしいパフォーマンスを見せ、チームとして非常に印象的な試合内容だった。そして最後は、オーバメヤンがPKでゴールを決めた。

それは2006年以来となる、オールド・トラッフォードにおけるリーグ戦の勝利だった。また「ビッグ6」と呼ばれるチームとのアウェイゲームで勝利したのは、2015年にサンティ・カソルラの傑出したパフォーマンスでマンチェスター・シティを2‐0で破ったゲーム以来のことだった。ビッグ6とは29回対戦をしていたが、オールド・トラッフォードでの勝利まではすべてが失敗に終わっていた。この勝利は、夏の大型補強が勝利に大きく貢献したという事実を証明したものであり、ポジティブな兆候だった。
「われわれは最初からミケルのやり方を信じなければならないと知っていた。実際、ミケルは非常に素晴らしいものをもたらし、誰もが彼に従いたいと思っている」と、オールド・トラッフォードで勝ち越しゴールを決めた後、オーバメヤンはこう語った。しかしこのユナイテッドでの勝利にもかかわらず、アーセナルは攻撃面での機能不全に苦しんでいた。オーバメヤンのPKは、シーズン初日のフラム戦で得点して以来のゴールだった。彼はアーセナルに加入してから安定して得点を続けていたので、これは人々を心配させた。

チームとしても得点へのチャンスと得点数が減少していたことに苦慮していた。これはもちろん、エジルを起用しないアルテタに注目が集まる原因となった。チームが勝っているときは問題ではなかったが、創造性に欠けた負けを喫したときは、エジルの不在が必ず話題に上った。

オールド・トラッフォードでの勝利の後、アーセナルはさらに苦しい時期に突入する。ホームでのアストン・ヴィラ戦で0−3で大敗し、パーティは怪我で途中退場した。その後リーズと0−0で引き分け、エミレーツでウルブスに敗れると、トッテナムに0−2、バーンリーに0−1と3連敗。これは61年ぶりとなる、ホームでのリーグ戦4連敗となった。試合終了時点で、アルテタのチームはオープンプレー[45]で12時間32分ノーゴールだった。それは絶望的な状況だった。

次のサウサンプトン戦では1−1の引き分けで辛うじて勝ち点1を獲得したが、12月19日にはエヴァートンで1−2で敗れた。これが、アルテタのチームがどん底に達した瞬間だった。10試合で7敗目という成績で、11月初旬にマンチェスター・ユナイテッドを破って以来、21ポイント中たった2ポイントしか獲得していなかった。アーセナルはその週末を、降格圏からわずか4ポイント差の15位で終えた。これは1974−75シーズン以来、クラブ最悪のスタートだった。これは単なる一時的な問題ではなく、完全なる危機であり、この状態をアルテタがどのように改善すべきかはっきりとさせなかったことは不安視された。アーセナルは最後の10試合で4ゴールしか挙げておらず、そのうちの2得点はPKだった。

この惨状で私は初めて「アルテタは仕事を失うかもしれない」と感じた。しかし「彼は安全だ」と常に言われており、クラブは解任を検討すらしていないと考えられていた。それが真実ではないと示唆するものは何もなかったが、アー

45 オープンプレー フリーキックやコーナーキックなど、ボールが止まった状況からスタートする場面を除いた一連のプレーのこと

セナルのようなクラブの監督であれば、結果を出さなければならない。クラブがアルテタに固執し、長期的なプロジェクトに信念を持ち続ける意志がいかに強くても、彼は何としてでも試合に勝つ方法を見つけなければならなかった。私はグディソン・パークでの試合後の会見でこの状況が改善しなければ解任されるということを多くの人は考えているということ、そしてそれをどのように思っているのかをアルテタに尋ねた。

「そのことは理解している。私はエネルギーと集中力を、この状況からいかにして抜け出せるか、それだけに注いでいる。まだ十分ではなく、アーセナルの基準にはまだ達していない。しかしこれは挑戦であり、まさに『戦い』なのだ」

と彼は答えた。

チームは多くの問題を抱えていた。エネルギーも、創造性も、ゴールを生む脅威も失われていた。オールド・トラッフォードで素晴らしいパフォーマンスを見せた勝利の後、パーティは怪我で戦列を離れていた。ウィリアンは不調に陥っており、エヴァートン戦でのパフォーマンスは最悪だった。アーセナルが混乱から抜け出すためには、何かを変えなければならなかった。アルテタはこれまでとは何か異なることをし、チームに活気をもたらす必要があった。そしてついにボクシングデーのチェルシー戦でアルテタはその決断を下した。

若手選手が躍動したボクシングデーのチェルシー戦

アルテタはグディソン・パークでの敗戦から先発のメンバーを一気に入れ替えた。ブカヨ・サカ、ガブリエウ・マルティネッリ、スミス・ロウなど6人を投入し、スミス・ロウは約1年ぶりに、リーグ戦での先発出場を果たした。そしてスミス・ロウ、サカ、マルティネッリが、アルテタのチームがシーズンを通じて欠いていた攻撃の意欲をチームに与えた。この試合でアーセナルはラカゼット、ジャカ、サカがゴールを決めて、3–1で勝利した。これは8試合ぶりのリーグ勝利だった。

「私たちにとって今日は重要な日になった。試合開始から実に好ましいプレーを目にすることができた。プレーする勇気とエネルギー、ボールを持っていないときでも攻撃の姿勢を止めないこと。そして攻撃時の動きはスピーディで、スペースを適切に埋めることができ、動きが活性化した。間違いなくわれわれが望んでいる内容に近かった」

と試合後に述べたアルテタの発言からもわかる通り、この勝利はシーズンのみならず、より広範なプロジェクトにおいても、アーセナルとアルテタにとって大きな転換点のように感じられた。若手選手の力を信頼し続けてきたアルテタの信念がようやく報われた日だった。チームの未来の姿がどこかワクワクさせるものだと感じられる試合だった。そしてスミス・ロウを10番の役割で起用したことで、アーセナルにこれまで欠けていた「前線と中盤をつなぐ選手」が加わった。ボールを前進させる意欲がある選手として、スミス・ロウが選ばれたのだ。

そのスミス・ロウを「エミールは、私たちに違いをもたらしてくれる」とアルテタは評した。ファンは長い間、ウィリアンよりもスミス・ロウにチャンスを与えるべきだと主張していた。ウィリアンは夏にチェルシーから移籍してきた後、大きな失望を与えていた。チェルシー戦当日、ウィリアンは体調不良だったこともあり、試合に出られないことが決定的であった。しかしそれが、アルテタがスミス・ロウをスタートさせると決断するのを容易にしたのかもしれない。スミス・ロウがスタメンで出場したパフォーマンスを見れば、アカデミー出身の彼こそが間違いなくチームに残るべきだと思われた。

「若い選手たちはここ数週間で、彼らが試合に出場する能力があることを示してくれたし、彼らが期待に応えてくれることに疑いはなかった。彼らをプレーさせることに決めたのは、それに値するからだ。ここでは誰もが重要で、誰もが役に立つということだと思っている。若い選手であっても、ベテラン選手であっても、ここにいる全員がチームに貢献するためにいるのだ」

アーセナルはチェルシー戦での勝利に続き、ブライトンとの試合でも1－0で勝利した。その後、1月の初めにウェストブロムを4－0で倒した。アルテタは機能するシステムに辿り着いたようで、サカとスミス・ロウがその中心にいた。以前のチームとは全く別のチームになっていた。そしてサカはウェストブロム戦で1ゴールを決め、10番を背負ったスミス・ロウは2アシストを記録した。

シーズン開始以来、アーセナルは創造性の欠如を課題としていた。ボクシングデーのチェルシー戦までは得点力不足に苦しんでいた。しかし、スミス・ロウがチームに加わってからの3試合で、アーセナルは8ゴールを決めていた。これは、チェルシー戦までの13試合で決めた得点数と同じだった。アーセナルは安全第一のチームから、積極的なチームに変貌した。勢いを取り戻したアーセナルは

11位に上がり、トップ4と6ポイント差になった。すべてがうまくいかないと思われていたシーズンだったが、急に希望の光に包まれた。

エジル、アーセナルを去る

2021年がスタートし、1月の移籍市場が開かれ、アーセナルにはスカッドを強化するチャンスが巡ってきた。しかし財政的な問題により、大型補強は難しいと考えられていた。1月の初め、パンデミックによってもたらされたキャッシュフローの問題を緩和するためにイングランド銀行から1億2000万ポンドの融資を受けたことにより、チームの深刻な財政状況が明らかになった。そのことを考慮すると、アーセナルが1月に構築したプランは短期的なものである可能性が高かった。彼らはレノの控えとなるGKを獲得したいと考えていた。夏にルナルソンが加入したが失敗となり、軌道修正する必要があったのだ。さらにアルテタは創造性を備えた選手を獲得したいと考えていた。しかしまず手を打たねばならなかったのは、シュコドラン・ムスタフィやソクラティスの移籍とエジルとの膠着状態に終止符を打つことだった。

「チーム（スカッド）が大きくなりすぎたようだ。夏の間に対処しなければならなかった問題が、様々な理由で達成できなかった。いくつかのポジションでは現状の人数を維持することができないので、何人かの選手が去らねばならなくなる。それが現時点での優先事項だ」

とアルテタは述べた。

エジルはその前年の3月以来プレーしておらず、解決すべき問題だった。クラブは長い間、エジルの代理人であるエルクト・ソグトと話し合いを重ね、このプレーメーカーの退団について合意しようとしていた。1月に入る時点でエジルの契約は残り6か月となっており、ソグトは公にはエジルが契約終了までアーセナルに残ると主張していた。しかし移籍期間が近づくにつれてその姿勢は少し和らぎ、フェネルバフチェがエジルの獲得に向けてアプローチしてきていることが明らかになった。アーセナルは、この移籍を実現させたいと考えていた。彼らは過去2シーズン、「エジルの給与を帳簿から外すこと」を望んでいたが、なかなか退団させることはできなかった。しかし、ついに移籍が実現する可能性が高まっていた。契約解除に関する話し合いは順調に進み、エジルは渡航を許された。そして1月17日、エジルはロンドン・コルニーで別れを告げ、フェネルバフチェと契約するためにトルコに向かった。

こうしてエジルのアーセナルでの7年間は終わった。2018年2月に結ばれた契約は、いつしかクラブにとって「重荷」になってしまっていたのだった。それは公然の問題であり、長引くエジルの去就を巡る騒動はクラブにとって害のあるものとなっていた。上層部はようやく安堵した。ファンやクラブの財政、移籍市場での活動に影響を与え、トレーニンググラウンドでもエジルは問題を引き起こした。アルテタの気を揉ませる案件が片付いたことで、やっと次のステップに進む準備が整った。

「彼は優れたサッカー選手であり、このクラブのために多くを成し遂げた選手だ。しかし、私はチームを異なる方向に導きたいと思っている。このような重要な選手がプレーできない状況が続くのは両者にとって本当につらい。もし選手がプレーしたいと思っていて、私たちがその機会を与えられないなら、その状況を解決しなくてはならない」

とアルテタはエジルとの契約解除が完了した後にコメントした。

その1月に契約を解除されたのは、エジルだけではなかった。クラブは月末までに、ソクラティスとムスタフィとも合意に達した。ソクラティスはギリシャに戻り、オリンピアコスと契約を結んだ。一方、ムスタフィはシャルケに加入し、ドイツに戻った。セアド・コラシナツも移籍し、ムスタフィと同じくシャルケに加わったが、レンタル移籍だった。他にも、サリバはまだ一度もファーストチームの試合に出場していなかったが、ニースに再レンタルされた。メイトランド=ナイルズはウェストブロムに、ジョー・ウィロックはシーズンの残りの期間、ニューカッスルにレンタル移籍した。

これらの大規模な人員整理は、アルテタがスカッドを合理化するために必要なステップだった。彼は、プレーするチャンスがないことを知っている選手たちがチームにいることは選手本人だけではなく、誰にとっても芳しいものではないことを理解していた。それはアルテタの言葉からも伝わってくる。

「31人の選手を抱え続けることはできなくなった。こうした状況をうまく管理することはできない。外国人選手を外さなければならない時、それはさらに難しくなる。数週間なら大丈夫かもしれないが、数か月間それを続けてしまうと、皆の健康や野心、そして化学反応をもたらす環境は維持できなくなる。大事なのは誰もがチームに関与していると感じ、自分にはチャンスがあると信じることができることだ。しかしチームの方程式からある選手が完全に外れてしまうと、モチベーションを維持し続けることが本当に難しくなる」

ブレントフォードから加入したセットピースコーチのアンドリース・ゲオルグソンは、難しい状況を目の当たりにした。

「選手たちと話し合いを重ね、検討し、適切なタイミングを見つけること。それは簡単ではなかった。ミケルはすべての選手に対し、彼らがチームへのコミットを本当に示すための公平なチャンスを与えたと感じた。そのような中でも『では、どのタイミングで選手がチームに100％コミットしていないと判断することができるのだろうか？』と思うことがあった。その選手を名指しすることはしたくないが、最初は多くの選手が満足していなかった。彼らは自分が思っていたほど、プレー時間を得られなかった。彼らは、自分が思っていたほど試合やトレーニングで重要な存在ではなかったのだ。そのような同じ境遇にある選手たちは、失望を共有して団結するが、それはリスクだ。そしてそれを1週間で解決することは難しい。時間が必要だ。私はミケルが個々の選手に対して誠意を持って対応していたと思うが、それは厳しいもので、放出は一晩考えて下した決定ではなかった。ミケルの怒りによって彼らが外されたわけではない。むしろそんな状況に陥ってしまった選手たちが立ち直って『監督が間違っている』というように、ミケルが間違っていることを証明するという行動を彼は求めていたのかもしれない。しかし彼らはある時点から線を引いて『別の方向に進む必要がある』と考えるようになってしまった」

ウーデゴールの加入

アーセナルは、この移籍市場を二つの段階で考えていた。一つ目の段階では、満足するプレーができない選手を放出することに集中した。そして二つ目の段階では、質の高い選手を追加する必要があった。一つ目の段階が完了して二つ目の段階へと移ったとき、マルティン・ウーデゴールの存在は不可欠だった。アルテタは、もっと創造性が必要だと感じていた。チャンスを作って得点を決める難しさは、これまでのシーズンの継続的なテーマであり、クラブが解決しようとしていたものだった。彼らは、中盤と攻撃の間のリンクとなり、オーバメヤンやラカゼットのような選手に、今シーズンずっと不足していた機会を提供できる選手を獲得したいと考えていた。スミス・ロウが入って大きな違いを生み出したが、彼はまだ20歳と若く、アルテタは攻撃的な人材が必要だと知っていた。アーセナルには、シーズンの後半にスミス・ロウと共に創造的な負担を分かち合う選手が必要だった。議論された候補の一人はレアル・マドリードのイスコだったが、優先順位はすぐにウーデゴールに切り替わった。ウーデゴールも、レアル・マドリードではプレー時間を得られずに苦しんでいた。アーセナルはウーデゴールがマドリードで不満を抱えており、移籍を望んでいることを知っていた。

2019–20シーズンをレアル・ソシエダへのレンタルで過ごしていたウーデゴールとの再契約をソシエダも熱望していたが、アーセナルは交渉をスムーズに進めた。選手本人が移籍を強く望んでいたため、レンタル契約が決定し、移籍市場が閉まる数日前に加入が発表された。ウーデゴールの獲得は、サポーターをワクワクさせるものだった。彼は若く、ゴールに飢えており、アルテタにぴったり合うタイプの選手だった。私は、アーセナルの伝説的な右サイドバックであり、無敗優勝したチームの一員であったローレンに[46]、ウーデゴールの獲得について聞いたことがあるが、彼はウーデゴールが大きな影響を与えると、確信を持っていた。

「アルテタが取り入れている4−2−3−1のシステムは、ウーデゴールに適している。彼はストライカーの後ろ、つまり、グラニト・ジャカとトーマス・パーティの前でプレーすることになるので、そのポジションが彼に合っている。彼はうまく中盤と前線を結合するプレーができる選手なので、ストライカーの後ろにいるべきだ。また彼はファイナルサードに入り込み、ゴールを決めることもできる。さらにラストパスを見極めることができる。実にクオリティの高い選手だ。絶対的に素晴らしい才能を持っている。6、7試合プレーさせる時間を与えるだけで、彼はアーセナルに多くの良さをもたらすだろう。彼は間違いなく成功する」

とローレンは述べた。

これは、まさに適切なタイミングでチームに「新しい血」を注入することになった。多くの不要な選手がチームから外され、ウーデゴールがガブリエウ、サカ、スミス・ロウ、マルティネッリといった選手たちのチームに加わることで、アーセナルが目指している方向がはっきりと見え始めた。

46 ローレン 2000〜2007年までアーセナルで活躍した、カメルーンを代表するサイドバック。ラ・リーガの解説者としても知られており、多くの試合でウーデゴールのプレーを見てきた

しかし、問題はまだ残っていた。ウーデゴールが到着する数日前にサウサンプトンに敗れてFAカップから脱落したことで、それは明らかになった。アルテタはこの試合でチームを大幅に変更し、リーグでニューカッスルに3-0で勝ったチームから7人の変更を行った。ウィリアンとペペが起用されたが、2人とも再び苦戦し、シーズンを通じてそうであったように、パフォーマンスは芳しくなかった。両選手の状況は、アーセナルにとって大きな問題となっていた。移籍金と給与で、アーセナルはこの2年間で両選手のために1億ポンド以上を投資したが、その「リターン」は少なかった。ペペからは少なくとも一時的なクオリティの光が見えたが、ウィリアンは完全な失敗だった。両選手はクリスマス以降、サカとスミス・ロウに序列で抜かれ、「脇役」になっていた。若手選手たちはボクシングデーのチェルシー戦から、アーセナルの攻撃に活気を与え、チームの原動力になっていた。しかし、サウサンプトン戦でウィリアンとペペが再び起用され、セント・メリーズでの0-1の敗北で終わったパフォーマンスは、クリスマスまでのシーズンを象徴する陳腐で無気力な兆候をすべて示していた。前年にFAカップを見事に勝ち取ったチームとしてはあまりにもあっけない敗退で、わずか数か月後にアーセナルはトロフィーを手放すことになった。チーム改革にまだやるべきことがたくさんあるということが明確になった。

その敗北の数日後、再びセント・メリーズに戻り、今度はプレミアリーグでサウサンプトンと再戦するチャンスが訪れた。アーセナルは、3–1で勝利した。この日、オーバメヤンは欠場していた。彼は病気の母親と過ごすために国を離れる許可を得ていたのだ。したがって、カップ戦での失望させるパフォーマンスにもかかわらず、ペペはレギュラーに残った。彼は期待に応え、サウサンプトンが早いリードを奪った後にアーセナルの同点ゴールを決めた。サカとラカゼットも、得点で勝利に貢献した。これは、アーセナルが今シーズン初めてプレミアリーグで先制されてから勝利した試合だった。アルテタのチームは8位に上がり、トップ4からわずか5ポイント差となった。ちょうど1か月前に彼らが降格圏から4ポイント差だったことを考えると、驚きの復活だった。

エミレーツでのマンチェスター・ユナイテッド戦は0–0の引き分けに終わった。アーセナルは再び、オーバメヤンを欠いていた。彼は母親を訪れた後、検疫の手続きに従う必要があり、まだチームに復帰する許可を得ていなかった。サカも欠場しており、キーラン・ティアニーも同様だった。この時点でリーグでは2

位を保ち、ユナイテッド戦でのスコアレスドローという結果は必ずしも悪いものではなかった。またユナイテッド戦では後半にスミス・ロウと交代でウーデゴールがデビューした。アーセナルは1月のリーグ戦6試合で5回のクリーンシートを達成し、7試合連続無敗で終えた。

移籍期間が終わると、スカッドはだいぶ整理されていた。アーセナルは冷徹な姿勢で移籍市場に臨み、その冷徹な判断がまさに必要だった。その役割を果たしたエドゥは、テクニカルディレクターとしては経験が乏しかった。彼は2019年にアーセナルに加入する前にブラジル代表で良い成果を挙げていたが、エミレーツで引き受けた役割はそれとは大きく異なっていた。彼がプレミアリーグのクラブで重責を担えるのか、人々が疑問視するのも理解できることだった。しかし、この1月の移籍市場に成されたことを見れば、チームのためならば冷徹な決断を下すことを恐れないエドゥの仕事ぶりが明確になった。またそれは、アルテタとエドゥがオーナーから全面的な支持を受けていることも示していた。

チームは久しぶりに、一丸となっていた。エジル、ムスタフィ、ソクラティスなどの選手を早期退団させるために資金を支払う必要があったとしても、「船」

を正しい方向に進めようとする決意が感じられた。アルテタとエドゥの関係は強く、彼らが向かおうとしている明確な設計図が見えていた。

「妻が言うには、おそらくここ1年ぐらいの間、私は他の誰よりもエドゥと話をしているようだ。コロナウイルスをはじめ、移籍に関してわれわれが乗り越えなければならなかったすべてのことを考えると、私たちの関係性は強固になった。そして、互いを理解している。お互いを、しっかりと支え合っている。1日の中で何度も誰かと話す必要がある。だからこそ、その人（エドゥ）との関係が強いことは幸運だ」

とアルテタは、エドゥとの関係について話している。

躍動するサカ、ウーデゴール、スミス・ロウ

移籍期間を終えて迎えた試合はウルブスとのアウェイゲームで、前半45分はシーズン最高のパフォーマンスだった。パーティはチームに見事にフィットし、中盤を完全に支配した。アルテタのチームは完全にゲームの主導権を握っており、

ペペのゴールでリードを奪っていた。しかし、ハーフタイム直前の判定がゲームを一変させた。ウィリアン・ホセがダビド・ルイスを追い抜き、シュートを打とうとしたときにルイスの膝にぶつかり、ピッチに倒れた。審判のクレイグ・ポーソンはペナルティを与え、ルイスを退場させた。それは、厳しい判断だった。ルイスはストライカーを意図的に倒したわけではなく、タックルをしようとしてもいなかった。VARが介入すべきだったが、そうはならずにルイスは退場してしまった。それから、アーセナルの歯車は完全に狂った。ルベン・ネヴェスがPKを沈めると、ジョアン・モウチーニョが後半早々に美しいゴールを決め、逆転した。レノは自陣エリア外でコメディのようなハンドで退場し、アーセナルは試合を9人で終えることになった。アルテタはその後、当然のことながら激怒した。

「このようなかたちで試合に負けるのは、心が痛む。センターバックが退場し、45分間10人でプレーすることになれば、もちろんゲームの展開は一変してしまう。私は10回も違う角度から撮影された映像を見直したが、どこに接触があったのかわからなかった」

アーセナルはすぐにルイスのレッドカードについてイングランドサッカー協会に控訴したが、却下され、ルイスは次のアストン・ヴィラ戦でも出場停止となった。「ダビド・ルイスのレッドカードを覆すために、本当に一生懸命働いた。私たちはFAに自分たちの主張を提示したが、われわれの主張が受け入れられなかったことに失望している」とアーセナルは表明した。

プレミアリーグで好調を取り戻していたアーセナルにとってウルブス相手の敗戦は痛手だったが、数日後にアストン・ヴィラに0−1で敗れたことで状況はさらに悪化した。今回は退場という言い訳ができず、本当に物足りないパフォーマンスで、シーズンの最初のリーグ戦23試合で10敗を喫したことになった。これは1983−84シーズン以来の悪い出来だった。クリスマス後の成績の上昇とチーム内の明らかな改善の兆しにもかかわらず、まだまだ多くの作業が必要であることが露呈したのである。

とりわけ、安定性の欠如が問題だった。アストン・ヴィラ戦のように貧弱なパフォーマンスに終始することもあれば、次にエミレーツでリーズを4−2で倒したときのように強力なチームになることもあった。アーセナルの試合を観戦していて、どちらがアーセナルの本当の姿なのか、まったく見当がつかなかった。

アルテタはリーズ戦で初めてウーデゴールをスタメンとして起用した。彼をオーバメヤンの後ろとなる10番のポジションで起用し、両サイドにスミス・ロウとサカを起用した。3人が一緒にプレーするのは初めてだったが、彼らはスピードと賢い動きでリーズを翻弄した。特にクリスマスまでアーセナルが抱えていた大きな問題は、守備面だった。またビルドアップの遅さ、ストライカー（オーバメヤンやラカゼット）に十分なチャンスが与えられていなかったことも課題だった。

しかしリーズ戦の前半は、全く違っていた。サカ、スミス・ロウ、ウーデゴールがピッチでプレーすると、ベンゲル時代の試合が蘇ってくるように見えたのだった。ベンゲルはサミール・ナスリ、セスク・ファブレガス、ジャック・ウィルシャーのようなテクニシャンを中盤に揃えていた。サカ、スミス・ロウ、ウーデゴールの3人は彼らのように創造性があり、スムーズにパスを繋いだ。さらにこの試合ではオーバメヤンがプレミアリーグで初めてのハットトリックを成し遂げ、ヘクター・ベジェリンがもう1点を決めた。それは先の2連敗を克服するような試合だった。そしてウーデゴールとスミス・ロウが同じチームでプレーすることに、ファンは興奮した。レアル・マドリードからウーデゴールが加入したとき、スミス・ロウの成長を妨げるのではないかという話があったが、アルテタは彼らが一緒にプレーできると信じ続け、確かにそれができることを証明し、それは本当にアルテタにとって励みになった。

この勝利の時点で、アーセナルは10位に位置し、4位のリバプールとは6ポイント差になっていた。クリスマス以降にチームが上昇気流に乗っていたことで、アーセナルはトップ4でフィニッシュする可能性を残していたが、チャンピオンズリーグに出場するために最も可能性のある道は、ヨーロッパリーグの優勝だった。

彼らはシーズン初期のグループステージを楽々と通過し、決勝トーナメントに進出した。アーセナルはベンフィカと対戦し、最初はアウェイで試合を行うことになった。しかし、新型コロナウイルスによる制限のため、両試合とも中立地での開催に変更された。ポルトガルは当時まだイギリス政府の新型コロナの警戒地域のリストに入っており、同国への往来に対する一律の旅行禁止が敷かれていたのだ。

そこで第1戦はローマのスタディオ・オリンピコに、第2戦はオリンピアコスのホームグラウンドであるアテネのゲオルギオス・カライスカキス・スタジアムで行われた。イタリアでの試合は1―1で終わり、サカが得点を決めた。そして第2戦で、アーセナルは辛うじて突破した。オーバメヤンのゴールで先制した後、アーセナルは突然、1―2の劣勢に立たされた。ベンフィカはフリーキックで同点に追いつき、セバージョスのひどいミスが彼らに2点目を「プレゼント」

した。それによりアーセナルは残り30分で2ゴールを奪う必要に迫られた。キーラン・ティアニーが1点を決めたが、それだけでは十分ではなかった。残り3分で、オーバメヤンがチームを救った。サカの正確なクロスに頭で合わせ、その夜は3－2、合計4－3で勝利した。

シーズンのこの時点で、アーセナルはヨーロッパリーグを制覇するか、しないかという状況だった。クリスマス以降の復活は、プレミアリーグでヨーロッパリーグ出場圏内に復帰する可能性も残していた。しかし、チャンピオンズリーグを目標と考えれば、彼らはヨーロッパリーグで優勝する必要があった。もし彼らがベンフィカにベスト32で敗れていたら、それは絶望的だった。しかしその状況をひっくり返したことで、チームには安堵感があった。

オーバメヤンにとっても、大きな夜だった。彼は第1戦で絶好のチャンスを何回か逃していた。さらに彼が新たなタトゥーを入れている映像がソーシャルメディアで拡散され、キャプテンに対する調査を開始することをチームは余儀なくされた。当時のイギリス政府の規則では、すべてのタトゥーパーラーがパンデミックのために閉鎖されていたからだった。

「この件について選手と話し合い、何が起こったかを確認する」とアーセナルは声明で述べた。アルテタが望まなかったフィールド外の問題だったが、「私は、彼を完全に信頼している。ローマで彼は3回のチャンスを逃した。彼は行動（結果）で態度を示さねばならなかった。それに、反応する必要があった。彼が反応した方法、すなわち落ち込むのではなく、良いプレーをしようと努力したことは、素晴らしいことだ。私は本当に満足している」

とキャプテンが重要な試合で2点を決めてくれたことをアルテタは喜んでいた。

ベンフィカに勝利した後、アーセナルはレスター戦で3-1の勝利を収め、3ポイントを獲得したが、その後グラニト・ジャカのミスにより、バーンリーと1-1で引き分けた。残り11試合で、トップ6から10ポイント差という状況になっていた。

「この順位を見れば、それは受け入れられるものではない。私たちはアーセナルFCであり、この位置にいるべきではない。それに満足している人がいるなら、その人はここにいるべきではない」

ヨーロッパリーグのベスト16、ファーストレグでのオリンピアコスとの対戦が待ち構えていた。前年に大会からアーセナルを脱落させた因縁の相手だった。アテネはプレーするのが簡単な場所ではないが、この試合は無観客で行われるという点で、少しアーセナルにとっては楽なものになった。ウーデゴールが加入後の初ゴールを決め、アーセナルは前半にリードした。しかし、この試合の前にも何度か同じことが繰り返されていたが、アーセナルは敵にゴールを「プレゼント」してしまう。セバージョスのミスから、ユセフ・エル・アラビが後半に同点ゴールを決めたのだ。アーセナルはそこから反撃し、ガブリエウとモハメド・エルネニーのゴールでなんとか勝利を収めた。

アウェイで結果を残したものの、個々のミスが継続的な問題となっていた。それは主に、ボールを自陣から展開しようとする姿勢から来ていた。アルテタは自分のチームがそのようにプレーすることを望んでいた。トレーニンググラウンドでそれに常に取り組んでいたが、試合の状況に応じてそれを適切に行う能力を持っていない選手もいた。アルテタがチームをどのように進化させたいかは明らかだったが、彼のシステムや考え方に正確にフィットする選手がいないことは課題だった。それは彼自身が認めたことだった。

チームが自分の理想にどれだけ近づいているかを尋ねられたとき、アルテタは「非常に遠い。まだ改善しなければならないことが、たくさんある。ゲームのコントロールをより強化し、敵陣での守備的なアクションをより多く、自陣でのミスを少なく、無失点の試合をもっと増やし、得点をもっとあげて、創造的なプレーを増やす。やるべきことは山積している」

と答えた。

「プロセスを信じろ」

アルテタが新型コロナウイルスに感染してから1年が経ち、この1年はアーセナルの歴史においても難しい時期だった。経験豊富な監督にとっても困難だったはずだが、監督の経験に乏しいアルテタは落ち着く時間も与えられず、パンデミックで一変した環境に対応しなければならなかった。アーセナルの当時のリーグ順位を考えると、アルテタの下で実際に進歩があったのか疑問に思うのは仕方ないことだと理解できる。しかし、人々は物事が正しい方向に進んでいると強く主張しており、パンデミックから立ち直るために、アルテタは正しい仕事をしてきたと確信していた。またアルテタ自身も、そう確信していた。

「私が新型コロナウイルスの検査を受けたとき、ここまで大きな影響をわれわれ全員に及ぼすとは想像できなかった。ここで仕事を始めてからわずか3か月という時期に起きたことで、本当に挑戦的な経験だった。同時にクラブはより強くなった。私たちは選手やファン、スタッフと本当に強い絆を築き上げてきた。それは安定して働けるようになったとき、すべてが正常に戻ったときに、大きく貢献をするだろう。このプロジェクトは成功すると思っている。今すぐにその瞬間を目にすることは難しいが、私たちが向かっている方向は間違っていない」

アルテタの強みは、彼が自分のやっていることに信念を持っているという点にある。彼には自分の方法論があり、それを信頼している。彼が最初にエドゥやクロエンケ家と、2019年にチームを引き継ぐことについて話し合ったとき、彼はクラブがヨーロッパのサッカーの最高峰の地位に再び戻るための5カ条の計画を提示した。それが短期的なものではないことを彼は知っており、それをはっきりとさせた。最初の段階は厳しいものとなるだろうし、誰もが同意するとは限らない難しい決断を下さなければならないこともある。しかし、皆が計画に従えば、物事は確実に進み、そして変わる可能性があると彼は信じていた。

「プロセスを信じろ」というフレーズは、キャッチフレーズのようにもなった。一部のファンはそれを好み、一部は嫌厭していた。ある意味で、この再建の段階でサッカーが無観客で行われていたことは、アルテタにとって幸運だった。彼が初めてフルシーズンを指揮したとき、特にクリスマスまでのひどい成績に苦しんでいるときにスタジアムにサポーターがいたら、彼らはパフォーマンスや結果に失望していたかもしれない。

サポーターがエメリの解雇に大きな役割を果たしたのは確かだ。何千ものファンが、毎週行われる試合を見に行かなくなっていた。エミレーツ・スタジアムの赤い空席の数を見るたびにそれがわかった。その光景はクラブにとっても心が痛むもので、アメリカで試合を見ていたオーナーたちが気づかないはずがなかった。

アルテタに対しても、サポーターの一部からソーシャルメディア上で敵意が向けられていた。彼らはアルテタが、アーセナルのようなクラブを率いるには経験不足だと感じていた。彼らはいわゆるプロジェクトマネージャーを望んでおらず、さらにプロセスを信じることすら望んでいなかった。彼らはすぐに成果が出る解決策を望んでおり、それはプレミアリーグでアーセナルが苦しんできた過去を考えると、理解できることだった。

オーバメヤンをベンチに下げる

しかし、クラブの上層部はこれが進むべき道だと確信していた。彼らはリセットが必要だと感じ、アルテタと彼ら全員が取り組んでいるプロジェクトに全面的な信頼を寄せていた上、その方法を気に入っていた。就任してまだ日も浅かったが、アルテタは大きな決断を下すことを恐れず、それはノース・ロンドン・ダービーに遅刻してやって来たオーバメヤンをベンチに下げるという大きな決断をしたことで示された。

アーセナルのキャプテンが時間通りに到着しなかったのはこれが初めてではなかったが、アルテタはそれを許さなかった。それは監督にとって大きな賭けであり、裏目に出ることもあり得た。アーセナルが最大のライバルに負けるとなれば、得点源であるオーバメヤンを外したアルテタに非難の声が集中するということは想定できた。しかし、アルテタはやるべきことはやるのだということを行動で示したのだった。彼がアーセナルに入ったときに最初にしたことは、彼の譲れない事項について話すことだった。そしてそれをきちんと守ることが全員にとって必須であることを明確にした。オーバメヤンは遅刻の件だけではなく、タトゥーに関する事件についてもクラブから警告されており、また新型コロナの検査を欠席したことで内部的な処分も受けていた。

興味深いことに、アルテタはそれを公にした。オーバメヤンは気分が悪いと言うこともできたが、アルテタはキャプテンが外された理由を世界に伝えた。

「彼をスタメンに入れる予定だったが、規律の問題を抱えていた」

とアルテタはキックオフ前に、「Sky Sports」に語ったのだ。この試合でアーセナルはウーデゴールとラカゼットの得点で逆転勝利したが、オーバメヤンは90分間、一度も動くことなくベンチに座っていた。監督に恥をかかされたオーバメヤンは、試合終了の笛が鳴るとすぐにベンチから離れ、アルテタが試合後のインタビューを行っている真っ最中にスタジアムを去った。彼のフェラーリの轟音がエミレーツに響きわたった。

もちろん、アルテタは、オーバメヤンのようなスター選手を公然と罰するリスクを十分に理解していた。アーセナルがその試合に負けていたらどのような反応がアルテタに向けられるかは承知の上だった。しかしアルテタは、キャプテンを選手全員にとって手本となるべき存在と捉えていた。以前、アルテタがなぜそこまで規律を重要視しているのかを尋ねられた際、彼は次のようにその理由を話していた。

「規律は基礎である。中期から長期にわたって続けられる計画を築き上げるためのプラットフォームだ。規律を守ることでわれわれは喜びと幸福を得ることができる。規律なしには、それが起こるとは思えない。だからこそ、私は規律の大切さについて話し続け、それに基づいて行動している。私はその正しいと思われる決定を下しただけだ。われわれには全試合に臨むにあたり、尊重すべきプロセスがある。それだけだ。われわれはやるべきこと、そうではないことの間に一線を引いている。オーバがわれわれにとって、そしてクラブにとってどれほど重要かはわかっている。でもそれはすでに済んだことで、前に進むときだ」

アルテタはその後に行われたオリンピアコスとのヨーロッパリーグのセカンドレグで、オーバメヤンを先発メンバーに戻した。ギリシャでのファーストレグでは3−1とリードしていたため、アーセナルにとっては「快適な夜」になると思われていた。しかし彼らは0−1で敗れ、オーバメヤンはチャンスを逸してしまった。準々決勝の対戦相手はスラヴィア・プラハになった。ヨーロッパリーグはアーセナルの完全な優先事項になっていた。プレミアリーグでヨーロッパリーグへの参加資格を確保するチャンスは残されていたが、ウェストハム戦での3−3の引き分けとリバプール戦の0−3という大敗で、その可能性が低いことが示されていた。キーラン・ティアニーは深刻な膝の怪我を負い、左サイドバックは数週間にわたって欠場することになった。ティアニーの怪我はシーズンのこの重要な段階で大きな打撃であり、セドリック・ソアレスがスラヴィア・プラハとの試合で左サイドバックに入った。

アーセナルは準々決勝の大本命だとされていたが、スラヴィア・プラハはホームゲームで強いことで知られていたので、アルテタのチームはエミレーツでのファーストレグで結果を出さなければならないというプレッシャーを感じていた。しかし、アーセナルのパフォーマンスは芳しいものではなく、チャンスを何度かふいにし、ニコラ・ペペが残り4分でようやく得点を決めたものの、アディショナルタイムに痛恨の失点を喫した。アーセナルはセカンドレグが行われるプラハの地で、少なくとも1点を取らなければならないという状態になった。そうでなければ彼らはヨーロッパリーグから敗退し、何のタイトルもないままシーズンが終わることになっていた。

リーグ戦でシェフィールド・ユナイテッドに3－0で快勝し、勝利が必要なセカンドレグの前に自信を強めたが、アーセナルに深刻な事態が発生した。オーバメヤンの問題だ。オーバメヤンはシェフィールド・ユナイテッド戦を欠場していた。その理由は単に病気とされていた。しかし彼はガボンの国際試合での帰国時にマラリアに感染したことを発表し、病院での自分の写真を投稿した。

「これは私の人生で最悪の病気の瞬間だった。私は3日間病院に滞在し、体重が4キロも減った。それは本当に辛い病気であり、私の家族は私がこのような状態でいるのを見て怖がっていた。マラリアは適切に治療されない場合、大きな問題につながる。最終的には、迅速に治療を受けられて幸運だった」

オーバメヤンはチームメイトたちから慕われていた。シーズン序盤に彼の母親が病気になったときには、彼のチームメイトたちが心情を案ずるということもあった。オーバメヤンがマラリアに感染したという状況で重要な試合に臨んだアーセナルは見事に逆境を覆し、スラヴィア・プラハを、4－0で打ち破った。試合の状況とプレッシャーを考えると、それは素晴らしい結果だった。ペペ、ラカゼット、サカは24分以内に得点し、ラカゼットは後半に4点目を決めた。そしてアーセナルはわずか16か月前にチームを去ったエメリ率いるビジャレアルと準決勝で対戦することになった。アーセナルにとってこれ以上に理想的なストーリーはなかった。

「スーパーリーグ構想」計画、そして撤退

オーバメヤンの問題など異常事態に見舞われたシーズンにふさわしい「珍事」も起きた。ヨーロッパ・スーパーリーグ[47]という恥ずべき構想が、突如として世間に広がったのだ。スーパーリーグという案は水面下で燻っていたが、「アーセナルは現状のイングランドとヨーロッパの体制にコミットしている一方で、ヨーロッパでビッグクラブの立場を保つためにはこのような話し合いにも参加する必要がある」と主張していた。そして突如、アーセナルがリバプール、マンチェス

47 ヨーロッパ・スーパーリーグ 初期の創立メンバーに、成績と関係なくリーグへの出場権が保証されている、という性質がスポーツの根幹的な部分を損なっているとして特に世界中のサッカーファンからの猛反発を呼んだ

ター・ユナイテッド、チェルシー、トッテナム、マンチェスター・シティを含む12クラブの一員として、リーグを形成することに同意したという声明が発表された。これによりアーセナルはヨーロピアン・クラブ・アソシエーション（ECA）から離脱し、アーセナルのCEOであるヴィナイ・ヴェンカテシャムはECAの役員を辞任した。

「スーパーリーグを創設するクラブは、この新しいリーグとサッカー全体にとって最良の結果をもたらすために、UEFAおよびFIFAとの協議を心待ちにしている」

と声明では述べられた。

この発表は、イングランド国内だけでなく欧州全土のサッカー界を混乱に陥れ、非難の声が上がった。スーパーリーグ構想は、潤沢な資金を保有するクラブがさらに豊かになろうとする試みに過ぎず、他のクラブを締め出すものだと捉えられた。当然、サポーターたちは激怒し、抗議した。選手たちに対しては何ら説明もなく、彼らも反発の声を上げた。それに対し、UEFAとFIFAは、彼らが主催する大会からチームや選手を追放すると圧をかけた。まさに混沌とした状態になっていた。アルテタは、事前に説明を受けるまで発表のことを知らず、選手たちも同様だった。選手たちはすぐに話し合いの場を要求し、ヴェンカテシャムは自身とクラブの考え方を説明しなければならなかった。これはアーセナルとオーナーにとって、逆効果となり、クロエンケ家はもともとファンからの人気があったわけではなかったが、この件はさらなる反発を呼ぶこととなった。

結局、激しい反発を受け、クラブは48時間以内に声明を撤回せざるを得なくなってしまった。アーセナルは、イングランドの他クラブと共に謝罪し、スーパーリーグ構想からの撤退を発表した。

「この数日間で世界中のサポーターの愛情を改めて目の当たりにすることができた。皆さんの心を痛めつけるつもりはなかったが、スーパーリーグに参加しないかと打診をされた際、アーセナルとその未来を守るため、そして他のクラブやサッカーリーグから取り残されたくなかったこともあり、打診を受け入れてしまった。ここ数日間、皆さんとサッカーコミュニティ全体の声を聞いた結果、スーパーリーグからの撤退を決定した。私たちは間違いを犯した。謝罪したい」

ヨーロッパリーグの準決勝、ビジャレアル戦が迫る中、アルテタにとってこのスーパーリーグ構想の騒動は迷惑極まりないものであった。アルテタは公にはオーナーやクラブを批判することはなかったが、スタン・クロエンケは電話会議で直接アルテタに謝罪した。アーセナルはビジャレアルとのファーストレグの前にエヴァートンとのリーグ戦を控えており、スーパーリーグ構想についてのサポーターからの大規模な抗議があることを知りつつ、試合に向けた準備を進めなければならなかった。しかし、アーセナルがプロジェクトから撤退すると、サポーターの抗議の対象はクロエンケへと移った。それはここ数年のうちで最大規模の抗議となった。

サポーターたちはエヴァートン戦のキックオフの3時間前から集まり始め、1時間も経たないうちに数千人規模に膨れ上がった。そしてその日の試合は、抗議に付随するだけのものになってしまった。外で抗議の声が響き渡る中、誰もいない空っぽのスタジアムで観戦するのは奇妙な体験だった。試合は、アーセナルがレノのオウンゴールで0－1で敗れた。彼らはゲームを支配しながら多くのチャンスを逃し、無駄な失点を喫した。

エメリのビジャレアルとの対戦

ヨーロッパリーグ準決勝のファーストレグに挑むため、アーセナルはビジャレアルに赴いた。この試合はクラブとアルテタにとって重要なもので、ウナイ・エメリと対戦することもあり、プレッシャーは増していた。エメリは「ヨーロッパリーグ史上、最も成功した監督」としても知られていた。セビージャでは3回連続で優勝を果たし、2019年にもアーセナルを決勝に導いたが、チェルシーに1－4で敗れた。そして今、彼は4回目の優勝を狙っていた。わずか16か月前に彼を解雇したクラブとの対戦は、エメリのモチベーションをさらに高めたはずだ。

アルテタは準決勝ファーストレグでラカゼットの怪我に悩まされた。オーバメヤンはチームに戻ってきたが、マラリアから完全に回復したわけではなかった。こうした中でアルテタが前線で誰を起用するかが話題になっていた。マルティネッリが入るか、ペペが中央で起用されるのかと予想されていたが、アルテタはスミス・ロウを「偽9番」[48]として使うことを決めた。この変則的な賭けは、シーズンで最も重要な試合には最適ではなかった。アーセナルは開始30分で2失点し、その後には、セバージョスが退場になってしまった。マルティネッリが途中交代で投入され、アーセナルはペペのＰＫで命綱を掴むと、なんとか1―2でゲームを終わらせた。もっとひどい結果になっていてもおかしくない試合内容だった。アルテタは多くの批判を受ける中で、

「この試合のために準備してきた戦い方だ。それは私が下した決定であり、それが最も良い方法だと考えていた」

と述べるにとどめた。

エミレーツでのセカンドレグにもはや救いはなかった。エメリは決勝に進むために必要な引き分けを目指し、準備を整えていた。アーセナルはオーバメヤンをスタメンに戻したが、彼はチームを勝利に導けなかった。試合で最大のチャンスは後半に訪れたが、そのヘディングシュートはポストを直撃。試合はスコアレスドローに終わり、ビジャレアルがファーストレグ、セカンドレグの結果を合わせて2―1で決勝に進んだ。両方の試合で実験的な試みをしたアルテタは、どちらのゲームでも優位に立てなかった。アーセナルは選手たちがおのおのでプレーしているようだったが、ビジャレアルはチーム全体で鍛え上げられており、団結力

48 偽9番　トップに伝統的なストライカータイプの選手ではなく、より機動力があり、ＭＦに近い選手を起用し、より幅広い役割やエリアでのプレーを担当させる戦術、またそのような役割を担う選手のこと

も備わっていた。アーセナルはゴールが必要であることを熟知していたが、90分で枠内シュートは2本だけだった。サポーターたちは落胆し、アルテタはアーセナルの監督に相応しいのか？　という疑念を呼んだ。

監督を信じて、次の段階へ

2020–21シーズンは前シーズンでのFAカップ優勝もあって、楽観的な雰囲気で始まったが、5月にアーセナルはヨーロッパリーグから離脱し、プレミアリーグでは9位という成績に留まっていた。多くのファンがアルテタの解任を望んでおり、この時点でアーセナルが彼を解任していても、文句を言うことはできなかったはずだ。シーズンを通してピッチの舞台裏で様々な事態が起きたが、それを成績不振の言い訳にするのは難しかった。結果もパフォーマンスも、十分ではなかった。アルテタにとってプラスだったのは、クリスマス以降の結果だった。確かに大きな改善は見られた。サカとスミス・ロウは、アーセナルのサポーターを熱狂させた。しかし、全体的に見れば難しいシーズンであったことを否定することはできなかった。

ウィリアンの獲得は失敗であり、パーティはピッチ上よりも治療室で過ごす時間が長く、巨額の新契約を結んだオーバメヤンはチームを失望させた。シーズンを5連勝で終えたとしても、昨シーズンと同じ8位でのフィニッシュ。25年ぶりの出場となるはずだったヨーロッパリーグの出場権も得られなかった。

批判を受けても、アルテタは堂々とやるべきことに立ち向かっていた。もちろん、チームの状態は決して良いものではないと理解していたが、シーズン中に起きたことがアーセナルを良い方向に導くだろうと確信していた。シーズン最終戦のブライトン戦の前に、失望の多いシーズンだったが、何か良い点はあったかと尋ねられたとき、

「チームが一丸となって悪い状況を食い止め、チームとして強くなったことは、一つの達成だと思う。たいていは、小さな傷からすべてが崩れてしまうが、そうはならなかった」

と内部に問題を抱えながらも一致団結し、より絆が強まったことをアルテタは指摘した。

アルテタにとってあらゆるプレッシャーにさらされたシーズンだった。しかし、アーセナルの中にアルテタを解雇する動きは全く感じられなかった。２０２１−22シーズンにはファンがスタジアムに戻ってきてくれるということ、そしてヨーロッパリーグの出場権は失ったが、次のステージへと進むことができることを信じていた。

アルテタはオーナーや取締役会の支持を受け、クラブをトップ４争いに戻すことができるスカッドを構築する計画を持っていた。

「アーセナルがビッグクラブだというのは理解していたつもりだったが、このクラブは私が思っていたよりもサポーターにとって大きな存在で、優れたクラブだ。私はアーセナルに大きな成功をもたらすために必要なことを何でもやる。それを達成するまで歩みを止めない」

アルテタの長きにわたる計画はまだ始まったばかりだった。

CHAPTER

4

革新への信頼

［2021−2022年］

周囲から理解を得て、巻き込みながら進む

アルテタにとって、勝負のシーズンが待っていた。波乱に満ちた2020―21シーズンを終え、アルテタはチームが前進していることを示さなければならず、フラストレーションを溜めていたファンを安心させる必要があった。アルテタを支持し、クラブを再建するためには時間が必要だと感じている人も多かったが、8位という不本意な結果に終わり、より経験豊富な監督が必要だと考える者もいた。それは理解できることだったが、アーセナルの関係者のプロジェクトに全面的に賛同するという方向性は変わらず、スカッドをトップレベルに引き上げるためにも夏の移籍期間に備えていた。

クラブとスタッフの間には、クリスマス以降ピッチの内外で起きたすべての事態が一旦収束し、これまでとは何か違うものが生まれつつある自信があった。セットプレーコーチのアンドリース・ゲオルグソンは、アーセナルを去り、スウェーデンに戻ることを選んだ。

「良い状態でシーズンを終えられた。結果をみても、私たちは良い流れに乗っ

ていることは明らかだった。チームには安定感が生まれつつあった。アーセナルがミケルに時間を与えれば、チームはレベルアップすると、私はスウェーデンのジャーナリストに話したことがある。私がこのチームを去る時、本当にそう思っていた。結果は上向いていたし、チームの雰囲気も変わっていた。選手たちからの賛同もあった。ミケルは完全に、選手の味方だった。疑念は一つもなかった」

と、ゲオルグソンは変化への確かな手応えを感じていた。

相変わらず、アルテタの信念は揺るがなかった。これは彼の最大の強みの一つだ。彼には将来のプランがあり、それを追求する。物事がうまくいかないときにパニックになることは簡単だが、彼はそのような状態にはならない。彼はよく考えて行動し、そこには余計な意図はない。これによってスタッフや選手たちは何をすべきかを正確に理解することができるようになる。アルテタの信念についてゲオルグソンは次のようなコメントをしている。

「ミケルは、真面目な人だ。しかし、ユーモアのセンスもある。特に2020–21シーズンの秋は過酷な時期だったが、3連敗の後でもミケルは変わらなかった。雰囲気は悪くなることはなく、スタッフを信頼していたし、自分を信頼するように求めていた。何があっても、彼の『船』が揺らぐことはなかった。ミケルは誇り高い男で、勝利を求めていた。私のようにプロ選手の経験がなく、イングランドでたった1年しか過ごしていないコーチからの助言であっても、彼は迷わずに『オーケー、やってみよう』と答えた。彼は誰であっても、アイデアが良いと思えば受け入れていた。改善をするために必要なことであれば、そこに政治的なものや上下関係はなかった。チームがレベルアップすることだけを追い求め、私もその姿勢が好きだった。アルテタは革新しようという意思に対して信頼を示し、物事を創造する自由を与えてくれた。彼はプレッシャーをかけず、基準に適応することだけを求めていた。彼の表情から、すべてを理解できる。『私も一歩踏み出さなければならない』と自然に感じるんだ」

アルテタには、特別なオーラがある。彼はスタッフに多くを要求するが、スタッフは彼のために成果を上げたいと思っている。アルテタには説得力があり、彼の言葉は人の心に響く。

ウーデゴールは2023年2月に行われた「The Players' Tribune」でのインタビューで次のように語っている。

「ミケルの言葉を信じない人はいないと思う。次元が違う。説明するのは難しいが、情熱的で、強烈で、異次元なんだ。ミケルは『発言したことは必ず実現する』と信じさせる」

ホワイトとラムズデールの獲得

夏にはアーセナルの補強について、さまざまな噂が飛びかった。アルテタ、エドゥ、そしてクラブはスカッドを強化すべく、若手選手の補強を狙った。以前は、アーセナルはより経験豊富な選手を獲得し、ダビド・ルイス、セドリック、ウィリアンなどが高給で加入したが、今回の目標は違っていた。アルテタとエドゥは方針転換が必要だと考えており、若くてハングリーな選手を探していた。アルテタはウーデゴールの完全移籍を熱望しており、ノルウェー代表のMFはローン移籍期間にも活躍していた。ピッチ上ではそのクオリティを示し、プレミアリーグに適応しつつあった。そしてオフの時間にも、サッカーに対する理解を深め、トレーニングに対する真摯な姿勢は、アルテタとスタッフ全員を驚かせていた。

夏全体を通してEURO2020（欧州選手権）が行われていたため、移籍はさらに複雑になった。もともとは２０２０年に行われる予定だったが、パンデミックの影響で1年延期されたのだ。アーセナルの選手だけでなく、夏のターゲットの中には各国代表として活動している選手もいた。国際大会は、移籍を難しくする。クラブは大会が始まるまでに選手を獲得できないと、獲得したい選手が所属するクラブが敗退するまで交渉を待たなければならず、夏の終わりまでかかってしまうことも珍しくない。

アーセナルの主要なターゲットだったベン・ホワイトとアーロン・ラムズデールは、両方がイングランド代表として大会に参加していた。ブライトンに所属していたホワイトは、アーセナルが求めるセンターバックとして期待されていた。23歳の彼は、アルテタとエドゥの下で今目指しているサッカーに適合するタイプの選手で、柔軟性も高く評価されていた。技術的に非常に優れており、リーズでマルセロ・ビエルサのチームにローン移籍しプレーしていた頃は、インテンシティの高いゲームに適応する能力も発揮していた。アーセナルはいち早くホワイトの獲得を試みたが、6月中旬に行った４０００万ポンドの入札をブライトンは拒否し、５０００万ポンドをアーセナルに要求した。最終的にアーセナルはその金額を承諾してホワイトを獲得したが、ＥＵＲＯ２０２０が終わるまで正式な合意を待たなければならなかった。

ヌーノ・タヴァレスとサンビ・ロコンガも夏に加わった2人だった。21歳の左サイドバック、タヴァレスはベンフィカから、そして同じく21歳のセントラルミッドフィールダー、ロコンガはアンデルレヒトから加入した。両選手は即戦力として期待されていたわけではなく、スカッドを厚くする目的での補強だった。アーセナルは将来を見据えた移籍を進めていたが、不満の声もあった。特に、プレーメーカーの補強は必須であるとみられていた。その時点でウーデゴールの獲得は確実なものではなかった。レスターのジェームズ・マディソンについての獲得も噂されていたが、その夏には入札は行われなかった。ウーデゴールの完全移籍をアーセナルは強く望んでいた。そしてレノの競争相手としてシェフィールド・ユナイテッドとラムズデールの獲得交渉も進めていた。しかし、これも簡単には決まらず、アルテタのチームがプレシーズンのトレーニングを開始したとき、タヴァレスとロコンガの獲得だけが決まっていた。

アーセナルはスコットランドで短いトレーニングキャンプを行ってプレシーズンに突入した。プレシーズンでは2試合の親善試合を行い、ハイバーニアンに敗れ、レンジャーズと引き分けた。その後、チームはエヴァートン、インテル・ミラノ、コロンビアのミジョナリオスと対戦するフロリダカップに参加するために、アメリカに移動する予定だった。しかし、その直前に選手の一部が新型コロナ陽性となったことで、アーセナルは直前で渡航見合わせを強いられた。

これはアルテタにとって悪夢であり、プレシーズンの計画を混乱に陥れた。ロンドン・コルニーは閉鎖され、除菌作業が徹底して行われた。陰性の検査結果が出た選手とスタッフは「制限された状況」であればトレーニンググラウンドに戻ることができたが、他の選手は隔離された。アーセナルは急遽、親善試合を組むために奔走し、ロンドン・コルニーで非公開のトレーニングマッチが実施され、ミルウォールとワトフォードに、それぞれ4−1で勝利した。これらの勝利はアルテタにとって安心材料となったが、プレミアリーグの新シーズンがブレントフォードで開幕する前に、チェルシーとトッテナムとの2試合しか残っておらず、実戦経験が足りないのではないかと懸念していた。

しかしアーセナルにとって嬉しいニュースもあった。ブライトンからホワイトの獲得が完了したのだ。取引には予想よりも時間を要したが、アルテタは新しいセンターバックをチームに加えたことを喜んでいた。

「ベンは、私たちが優先すべきターゲットだった。ボールを足下で快適に扱える賢いディフェンダーであり、彼のプレースタイルは私たちのチームに合っている。まだ若く、彼の年齢とプレースタイルは私たちが構築しているチームに合致している」

とアルテタはコメントした。

ホワイトの獲得は、アーセナルにとって鍵となるものであった。アルテタはボールを持ち運び、前進させられるセンターバックを欲していた。そういった選手は、彼が理想とするチームのスタイルには不可欠だった。アーセナルはヨーロッパ全土で複数のオプションを検討したが、ホワイトをターゲットに決めた。5000万ポンドという価格は、アーセナルにとって、ペペとオーバメヤンに次ぐ移籍金で安いものではなかった。しかしアルテタとエドゥは、システムに完璧にフィットし、大成功を期待させる若手選手を獲得したという手応えを感じていた。ホワイトはチェルシー戦で途中出場というかたちでデビューした。アーセナルは2–1で敗れ、この試合ではルーベン・ロフタス・チークとの接触により、パーティが9月まで負傷欠場するという結果となった。

アーセナルは数日後にトッテナム戦で敗北し、非公開だったトレーニンググラウンドでの練習試合を除き、プレシーズンマッチで一つも勝利できなかった。シーズンの開幕戦（ブレントフォード戦）が迫っている中、アーセナルの準備は不十分に思えた。ＧＫの獲得も終わっておらず、ウーデゴールはレアル・マドリードに残っていた。ホワイトの獲得は助けになったが、スカッドは必要な水準には遠かった。

「おそらく、過去数年間で最も難しい移籍市場だったと思う。私たちは獲得したかった選手を何人か補強したが、まだやるべきことは残っており、何かが起こると確信している。クラブ、オーナー、そして私自身、同じ目標に向かって進んでいる。チームをより強力にするために取り掛かりたいことが残っている」

とアルテタは、初戦の直前に述べた。

アーセナルにとって、厳しい夏だった。しかし、アルテタが事態はこれ以上ひどくならないだろうと考えていたとすれば、それは間違いだった。プレミアリーグに昇格したブレントフォードとの開幕戦で、彼らは現実を思い知らされることになる。

波乱含みのシーズン3連敗

新シーズンの開幕となる8月13日までに、ロンドン・コルニーで新型コロナウイルスの感染が広がった。スタッフや複数の選手も感染した。オーバメヤン、ルナルソン、そして試合当日にはラカゼットもウイルスに侵された。チームは混乱状態に陥り、次に誰が陽性になるかもわからないまま、選手たちは互いに離れて行動しなければならなかった。

アーセナルはプレミアリーグに感染の報告をし、リーグ戦を延期してほしいとリーグ側に申し入れを行った。しかしプレミアリーグは、試合は実施しなければならないと主張し、アーセナルの申し入れをはねつけた。当然、アーセナル側は納得がいかなかった。さらにプレミアリーグ側は「恥をかきたくない」という理由だけで、試合を強行しようとしているのではないかとアーセナルは感じていた。アーセナルとブレントフォードの試合は新シーズン最初の試合であり、またやっと観客を入れて試合ができるようになったことで、世界中の視線が注がれる試合だったのだ。

またブレントフォードにとっても重要な夜であった。74年ぶりとなるイングランド最高峰リーグでの試合であると同時に、彼らの新しいスタジアムにおける初めての公式戦であったからだ。もしこれが他のチーム同士の試合であれば、プレミアリーグが試合の中止を認めていただろうと、アーセナル内部の情報筋は今もなお、そのように主張している。

試合が始まる数時間前までアーセナルの選手たちはホテルの部屋で隔離されていた。チームがホテルを出発する直前に検査結果が出るため、顔を合わせることなく待機しなくてはならず、選手たちが試合に出場できるかどうかは不明瞭だった。アルテタはプレミアリーグの対応に憤慨していたが、カメラの前では冷静に振る舞い、何が起こっているかを明らかにしなかった。試合前に発表されたのは、オーバメヤンとラカゼットがコロナウイルスに感染してしまったということだけだった。

「できない言い訳を探す代わりに、解決策を見つけなければならない。それこそ私たちが毎日チャレンジしていることだ。興奮とエネルギーに満ち溢れた若いチームをピッチで見てみたい」

とアルテタはキックオフ前に述べた。

オーバメヤンとラカゼットが新型コロナに感染し、エディ・エンケティアが怪我をしていたので、フォラリン・バログンがセンターフォワードとして先発した。これは彼にとって、初となるプレミアリーグでの先発だった。パーティが怪我をしていたためロコンガが先発し、またガブリエウが膝の怪我を抱えていたことで、ベン・ホワイトがセンターバックとして急遽出場することになった。

サカもスカッドには名を連ねていた。彼はイングランド代表としてEURO2020に出場し、休暇をとった後にチームに合流したばかりであった。サカは先発出場も可能だったかもしれないが、アルテタは彼に無理をさせることを望まなかった。アルテタはEURO2020で彼が経験したことも考慮し、段階的な手順を踏んで復帰させようとしていた。サカはEURO2020の決勝のイタリア戦でPKを外し、オンライン上で非常に悪質で人種差別的な中傷のターゲットとなっていた。

アルテタとアーセナルはサカをサポートしてきた。アルテタは試合後すぐに彼と話し、休暇中もサカの様子を確認するために連絡を取り続けた。そしてクラブはサカに送られてきた数千通のファンレターを集め、それらをすべてトレーニンググラウンドの大きな壁一面に貼るというサプライズを仕掛けた。ロンドン・コルニーを訪れたサカはそれを目にして感激し、イングランド代表での挫折を乗り越え、ピッチに戻ることを決意した。

　これらの出来事を考えれば、アーセナルが初戦のブレントフォード戦で苦戦したことは驚くことではなかった。ブレントフォードはアルテタのチームを圧倒し、熱狂的なホームサポーターの前で2–0で勝利した。ブレントフォードとプレミアリーグにとっては夢のような開幕戦だったが、アーセナルにとっては災難でしかなかった。クラブの誰もが権力に見捨てられたと感じ、ファンは激怒していた。何とも恥ずべき結果であり、アーセナルは混乱状態にあった。

　アルテタは試合後の記者会見で怒りを爆発させることもできたが、そうはしなかった。しかし次の一言は彼がどのように感じたのかを示す大きな手がかりを与えた。

「今の状況を考慮すると今夜の試合は、過度に分析するには値しないと思う」

　しかし結果に対する反応は、厳しいものだった。新たに加入したホワイトは、そのパフォーマンスを非難され、「Sky Sports」で解説していたジェイミー・キャラガー[49]は、次のように激しく彼を批判した。

「アーセナルの守備をどう説明するべきか？　弱く、虐められているようで、大

49 **ジェイミー・キャラガー** 現役時代はリバプールとイングランド代表でプレーし、現在はギャリー・ネヴィルと並びイギリスで最も有名なサッカー解説者の一人

人と子どもが試合しているようだった。新シーズンも、同じことが繰り返されている。今夜の試合を観たら、ベン・ホワイトにロングボールを蹴るだけでいいと思うだろう。彼はボールを持っていないときは、その能力を発揮できない。ブライトンでは、彼の隣に2人の屈強なセンターバックがいた」

同じくキャラガーと解説を行っていたギャリー・ネヴィルもクラブの方針に懐疑的な見方を示した。

「アーセナルの構想は不明瞭で選手補強は不十分だ。他のクラブと比較するとひどいものだ。戦略や方針を理解できない」

ネヴィルのコメントは手厳しかったが、少々的外れでもあった。たしかに残念なパフォーマンスや試合結果は批判されても仕方のないものだったが、唯一ハッキリしていたのはアーセナルの方針転換と補強の方向性だった。エドゥは有力な代理人に依存した選手獲得という方法を捨て、キア・ジューラブシャンなどが遠ざけられた。

アーセナルは、じっくりと時間をかけて育成できる若手選手をターゲットとして見据えていた。夏に加入した選手は21歳から23歳という年齢であり、その戦略と計画は明確だった。ブレントフォードに敗戦した数日後にはウーデゴールとラムズデールの獲得が発表された。アーセナルは、ホームでのチェルシー戦を控えていた。これは16か月ぶりにエミレーツで行われる試合だった。しかし再び怪我やコロナウイルスの問題がアルテタを苦しめることになる。オーバメヤンは出場可能であったが、ベンチに座るのが精一杯だった。ホワイトはゲーム直前にコロナウイルスの陽性反応があったために欠場し、また、ウーデゴールもマドリードからの移籍に伴うビザの問題で、出場できなかった。アーセナルは0–2で、チェルシーに完敗した。ロメル・ルカクは楽々と、パブロ・マリとロブ・ホールディングを圧倒した。

「現状は厳しい。9人もの選手が試合に出場することができなかった。その大半は、ベテランの選手だ。われわれは限られたメンバーでプレーしなくてはならず、若い選手は褒めてやらねばならない。彼らはこんな状況にもかかわらず、勇気を持ってプレーしているが、現時点では十分ではない」

と、アルテタはチェルシー戦の敗北の後にこう話した。

アルテタに対するプレッシャーは、日に日に強まっていた。チェルシー戦では、試合終了後にサポーターからのブーイングが響いた。コロナ下では、結果やパフォーマンスについて自分たちの思いを伝えることが難しかったので久しぶりのブーイングであった。

「歴史を持つクラブとして、今のパフォーマンスで満足できると言えば、それは嘘になってしまう。主力の選手が戻ってくれば、状況は変わるはずだ。チームは違うものになり、より高いレベルでプレーできるし、結果も伴ってくるはずだ。その後で流れは変わるだろう」

開幕3戦目はアウェイでマンチェスター・シティ戦が控えていた。そのゲームでも、敗北は避けられないと思われていた。懸念されていた通り、0–5で完敗し、前半にはジャカが退場となった。アルテタのチームは19%のボール保持率で終わってしまい、Optaの記録が始まった2003–04シーズン以来、「一度もシュートを打てない」という初めての試合だった。アーセナルはリーグ戦で3連敗し、無得点、失点は9点で、クラブ134年の歴史でも最悪の開幕となった。アルテタは試合後に記者から「プロセスはうまくいっていますか？　今もそれを信じられますか？」と尋ねられ、それに対して、

「今日はプロセスについて、話すべき日ではない。私は常に私自身に責任があると伝えてきた。今日もここに立って、まったく同じことをしている。今すぐ状況

を変えるために反省し、現状と向き合い、結果を出す必要がある」

と答えるだけにとどめた。

3連敗の後、代表戦期間が待ち構えていた。その2週間で移籍市場も終了し、右サイドバックの冨安健洋が1600万ポンドの移籍金でボローニャから加わった。アーセナルが支払った移籍金は約1億4500万ポンドとなり、クラブの移籍市場でも過去最多の支出となった。その一方、ジョー・ウィロックが2500万ポンドでニューカッスルに売却された。そしてウィリアンは契約を2年短縮することに合意し、移籍期間の終盤にチームを去った。サリバはマルセイユに、ベジェリンはベジクタシュに、リース・ネルソンもフェイエノールトにローンで加入した。こうして移籍市場は、慌ただしく終わりを告げた。

アルテタは夏に「前例のない」移籍市場になると予測したが、本当にそのようになった。新しく獲得された選手たちは若く、彼らが成功するかどうかは未知数だったが、今ではチームが本当にアルテタのものになりつつあった。オーナーと上層部はアルテタの意向を強く支持しており、不調なスタートを切ったのにもかかわらず、彼を全面的にサポートしていた。Amazonの「オール・オア・ナッシング〜アーセナルの再起〜」というドキュメンタリー番組があるが、この中でアルテタへの信頼を感じさせる場面があった。第1話ではシーズン最初の数週間にわたって行われたトレーニングキャンプが紹介され、「厳しい週であり、暗雲が立ち込めている」とコメントしたアルテタに対し、クロエンケは彼の肩に腕を回して、アルテタを慰めている様子が映し出されていた。

アーセナルは代表戦期間明けの試合で、ノリッジと対戦した。これは、その時点で最下位同士の試合だった。ノリッジもアーセナルと同様に最初の3試合をすべて落としていたが、その3敗の中で1点を決めていたため、アーセナルよりも上位だった。これはアーセナルにとって、絶対に勝たなければならない試合だった。緊張感のある試合でオーバメヤンは後半にゴールを決め、ペペがシュートをポストに当てた後に近距離から押し込んだ。納得のいく内容ではなかったが、なんとか勝利を収めることができた。そして新しいアーセナルを予感させるものがあった。ラムズデールがレノに代わってゴールを守り、ホワイトとガブリエウは初めてセンターバックとしてコンビを組み、冨安は右サイドバックでプレーした。アーセナルにとって新しいバックラインであり、それまでとは違った雰囲気が漂っていた。

アルテタがレノの代わりにラムズデールを起用したのは、最も驚きをもたらした決断の一つだった。シェフィールド・ユナイテッドから加入した時点で、ラムズデールは控えの選手として加わったと考えられていた。レノのポジションを彼が奪うことは、誰も予想していなかった。

「何かを変えなければならなかったし、アーロンはチームをレベルアップさせようとしている。何よりも結果が必要だったので、彼をプレーさせることに決めた。それだけだ」

とアルテタはラムズデールを抜擢した理由を説明した。

ラムズデールは次のバーンリー戦でもスタメンとして出場し、アーセナルがウーデゴールのフリーキックで勝利すると同時にクリーンシートも記録した。ガブリエウと冨安のパフォーマンスも優れており、ラムズデールのプレーも安定していた。バーンリーは、アーセナルを苦しめようとしてボックスに無数のハイボールを送り込んだが、アーセナルはしっかりと守り、フィジカルバトルにも適応することが可能だと示した。それはトッテナム戦を控えていたチームにとっては好材料となった。トッテナムは3連勝と首位に立っていた一方で、アーセナルは3

連敗で最下位という成績で、それをトッテナムのサポーターたちは喜んでいた。ノース・ロンドン・ダービーはアーセナルにとって重要な試合である。しかし、今回のダービーはいつも以上に特別なものとして捉えていた。

ノース・ロンドン・ダービーでみえてきたよい兆候

しかし状況は変わり始めていた。ダービーの直前、アーセナルとトッテナムの差はわずか3ポイントになっており、アーセナルはトッテナムを射程距離に捉えていた。パンデミックの時期を抜け、観客をスタジアムに久しぶりに迎えたということもあってエミレーツ・スタジアムは賑やかで期待に満ちていたが、誰も前半に起こることを予想していなかった。

アーセナルはキックオフ直後からトッテナムを圧倒し続けた。前半12分にはトレーニンググラウンドで何度も練習していたような完璧なゴールを決めてリードした。サカがドリブルを仕掛け、スミス・ロウへのクロスボールから先制した。スミス・ロウはその後カウンターの起点となり、オーバメヤンのゴールをお膳立てした。そして、サカが3点目を沈めた。アーセナルは前半で3ゴールを決めた。

エミレーツ・スタジアムは、徐々にパーティーのような雰囲気になっていた。アルテタのチームがペースを緩めたことで、トッテナムは後半に1点を返したが、勝利のムードに水を差すことはできなかった。ノリッジとバーンリーに対する勝利が基盤を築いたとすれば、ダービーでの勝利はシーズンの口火を切るものになるだろうと感じられた。このパフォーマンスには、アルテタがチームに求めるすべてがあった。全体的にインテンシティの高い試合であった。FWはボールを高いエリアで奪うために激しくプレスし、それを成功させたときに発動するカウンターアタックはスピードと意志に満ちていた。勝利がチームにとって意味するものは大きく、特にアルテタにとっては格別だった。

アルテタはシーズン初期に苛烈なプレッシャーにさらされており、ノリッジとバーンリー戦での勝利が多少それを和らげたが、アルテタに向けられた疑念を払拭するには何かが必要だった。ノース・ロンドン・ダービーでの説得力のある勝利以上に、それに相応しいものはなかった。アーセナルはリーグ戦で3連勝し、トップ4から4ポイント差の位置につけていた。2週間前には危機に瀕していたクラブに期待感が少しずつ醸成されていった。新しいメンバーで構成されたバックラインは安定しており、パーティは怪我から復帰していた。ウーデゴールはファイナルサードを指揮し、サカとスミス・ロウはサイドからエネルギッシュに脅威を与えていた。ノース・ロンドン・ダービーに先発した選手たちは、平均年齢が24歳だった。オーバメヤンが唯一の30歳以上のプレーヤーだった。ロコンガとタヴァレスも後半に出場し、アーセナルの夏の新戦力6人が試合終了時にピッチ上でプレーしていた。

これはアルテタのチームが完成したと感じられた、初めての瞬間だった。リーグ戦で試合終了時にピッチ上にいた選手は、アルテタが希望して獲得した選手と、アカデミー出身者だった。アーセナルを再び活性化するためのプロセスにおける、最初にみえてきた良い兆しとなった。もちろん、これはまだ初期の段階であったが、わずかな時間でクラブの雰囲気は著しく変化した。

トライ&エラー、選手を奮い立たせるアルテタの工夫

クラブとファンとの関係の再構築は、アルテタがアーセナルに着任したときに掲げた計画の中で「鍵」となっていた。パンデミックの影響もあって、最初の数年間は試合が無観客で行われたこともあり、関係性の再構築は不可能だったが、ファンがスタジアムに戻ってきたことで、彼は再びファンとの繋がりを築こうとした。アルテタはマンチェスター・シティからアーセナルにやって来たとき、崩壊した関係に驚き、ファンからの支持を得られないままでは事態を好転させるのは不可能だと感じていた。ノース・ロンドン・ダービーでの勝利は団結感を取り戻した。

「オール・オア・ナッシング」の一番の見どころは、トッテナム戦の試合前にロッカールームでアルテタがチームを奮い立たせるというシーンだ。「選手たちが心と頭の両方を使ってプレーすれば、サポーターにエネルギーを与えることができる」という考えを選手たちに伝えるために、アルテタはホワイトボードにハートと脳のイラストを描きながら説明した。

「これらの3要素が組み合わさったとき、ピッチ上で無敵であるかのような感覚が得られるだろう。その時、君たちを止められる相手はいない」
ノース・ロンドン・ダービーの前半でそれは確かに感じられた。そしてアルテタが描いたハートと脳の絵はTシャツとしても販売された。

ダービーで成功を収めた後、ブライトンとクリスタル・パレスとの対戦があり、共に引き分けで終わった。その後はエミレーツで、アストン・ヴィラを相手に3−1で完勝し、そこからは3連勝し、アーセナルは5位まで順位を上げていった。難しいアウェイゲームを2−0で競り勝ったレスター戦で印象的だったのは、ラムズデールがジェームズ・マディソンのフリーキックを阻止したビッグセーブだった。マディソンのシュートは完璧に近いコースで、決められたとしてもラムズデールを責められないようなシュートだったが、ラムズデールは懸命に手を伸ばしてボールに触り、最終的にはクリアに成功した。それはラムズデールの成功を象徴するセーブだった。彼が約2400万ポンドの移籍金でアーセナルに加入した際、その移籍を疑問視する人も少なくなかった。ボーンマス、シェフィールド・ユナイテッドで彼は、2シーズン連続で降格を経験していた。多くのファンは彼を望んでおらず、ラムズデールはソーシャルメディアで批判を浴びていた。「難しい時期だった。アーセナルとサインすることを望まないファンの言葉や、殺害予告ではないが『君の住所を知っている』というような脅迫があり、私を怖がらせようとしていた」

と彼はクラブと契約してから1年後に回顧している。ラムズデールはソーシャルメディアの通知やコメントをオフにしなければならなかった。しかし、納得していないファンがいても、アルテタはラムズデールこそが「望んでいたキーパー」だと断言していた。

アルテタはラムズデールがシェフィールド・ユナイテッドに在籍していたとき、アーセナルとの対戦で彼のパフォーマンスに感銘を受けていた。シュートストップの能力だけでなく、彼がピッチ上で示す人間性こそが重要だった。彼は、アルテタが求める存在感を持つGKだったのだ。新しいGKを獲得することは、アルテタが目指すサッカーには不可欠だった。後方からのビルドアップをサポートする足下の技術に優れた選手が必要であり、ラムズデールはその要件を満たしていた。レノがポジションを失うとは予想されていないなか、ラムズデールはそのパフォーマンスで周囲を認めさせた。レスター戦でのクリーンシートは8試合中、

5回目だった。

次のワトフォード戦も無失点で終え、アーセナルは9試合連続で無敗を成し遂げた。屈辱的だったマンチェスター・シティ戦以来、アーセナルはリーグでの24ポイント中20ポイントを確保し、13得点4失点だった。信じられないことに、彼らは首位チェルシーとの勝ち点差をわずか6ポイントにまで縮めていた。クラブは、結束を取り戻していた。新戦力がチームに活気を与え、サカやスミス・ロウのような生え抜きの若手選手がファンを盛り上げていた。アーセナルに漂い始めたポジティブな雰囲気を、アルテタは手放すつもりはなかった。アルテタは皆が同じ方向に進むことを望んでおり、

「結束しない限り、私たちは求めることを達成できない」

と述べた。

アルテタは就任以来、「育成年代からトップチームまで繋がったアーセナル」にするために力を尽くしてきた。オーナーとの関係や、アカデミーにおけるペア・メルテザッカーとの取り決めまで、きちんと整備することを望んでいた。

トレーニングセンターにベンゲルの写真を掲示

トレーニンググラウンドでも、アルテタの変革は進められた。ロンドン・コルニーの回廊が殺風景だと感じていたアルテタは、絵や壁画、キャッチーなメッセージを施設全体に掲示した。例えば、トップチームのトレーニングピッチには「勝つために練習する」というフレーズが添えられた巨大なクラブの紋章が描かれた。選手たちはそこを歩き、毎日のトレーニングに参加する。大掛かりなものではなかったが、そのようなメッセージこそ、チームを奮い立たせるのに不可欠だった。また、トレーニングセンターにはベンゲルの巨大な写真が掲示され、毎朝、選手たちはベンゲルの写真を見てからトレーニングに入るということになった。ベンゲルの写真の下には、「ここでは、それぞれの中にある偉大な能力を磨く機会がある」という名伯楽の言葉が書かれていた。私はアルテタに、なぜトレーニング施設にベンゲルの写真があることが重要なのかを尋ねたことがある。「アーセンが残してくれた哲学がクラブから失ってしまわれており、これを取り戻さなくてはならないと思った。この写真と言葉はアーセンのクラブでの仕事を象徴していたので、入り口に置くべきだと考えた」
と、アルテタは説明した。

アルテタは、このような工夫を得意としていた。モチベーションのコントロールは、彼のチーム運営にとって重要だ。他にもロンドン・コルニーで変革が進められた。彼の部屋は当初、離れたところにあった。そこは過去、ベンゲルとエメリが監督時代に使っていた。アルテタはそこから他のコーチとスタッフのオフィスの隣に位置するオフィスに移った。また、開かれた雰囲気を醸成するためにオープンスペースでのミーティングを定例にした。また、ユースの試合やトレーニングセッションを見学する回数を増やした。クラブのレジェンドたちも歓迎され、アカデミーのGKを指導するためにデイヴィッド・シーマン[50]が招かれた。また、ジャック・ウィルシャーが新しいクラブを探すまで、トップチームとトレーニングする機会を与えた。ウィルシャーは指導者としての将来も見据えていたので、彼がUEFA Aライセンスを取得できるように、アカデミーチームの指導もサポートさせた。

50 デイヴィッド・シーマン
アーセナルで1990～2003年にかけてプレイし、400試合以上に出場した伝説的なGK。イングランド代表としても125試合に出場し、これはイングランド代表GK史上2位の記録となっている

リバプールのアンセムを流して練習

ワトフォードに勝利したアーセナルは2度目の代表戦期間を迎え、その時点でのリーグ戦の順位は5位だった。4位のリバプールとの勝ち点差は2となり、代表戦が終わればアンフィールドでの直接対決が待っていた。多くの人は、リバプールとの試合がアーセナルにとって「試金石」になると感じていた。アルテタは試合前に、実験的なサプライズを準備していた。それは「スピーカー」を使うという手法だった。トレーニングピッチに置かれたスピーカーからはリバプールの有名なアンセム「You'll Never Walk Alone」[51]が大音量で響き、アルテタは選手たちをアウェイのスタジアム独特の雰囲気に慣れさせようとした。アンフィールドでプレーしたことのある選手も少なくなかったので、それは少し奇妙な取り組みだった。後にウーデゴールはアルテタのその手法に少し驚いていたことを認め、ラムズデールとジャカも同様だった。「こんなトレーニングは今まで経験したことがなかった。おそらく、スピーカーを使ったトレーニングはもうないと思う」とラムズデールは笑った。

51 You'll Never Walk Alone もともとは1945年にミュージカル用に作成された楽曲で、フランク・シナトラの歌うバージョンが有名だったが、1963年にリバプール出身のバンド、ジェリー&ザ・ペースメイカーズ版がイギリス中で大ヒットした。この後リバプールがサポーターソングとして採用し、現代にいたるまでリバプールを象徴する曲として歌い継がれている

こうした実験的なアイデアは、アルテタが以前アンフィールドで経験したことから思いついたものであった。アーセナルの選手としてプレーしていた2013―14シーズン、ベンゲルのチームはマージーサイドで屈辱的な敗戦を経験した。リバプールは前半20分以内で4―0でリードし、最終的には5―1で大勝した。アルテタにとって忘れられない経験で、彼はその試合を、自分のキャリアで唯一の「臆してしまったゲーム」として振り返っている。

「後悔しか残らない試合だった。自分を裏切ってしまった」

アンフィールドでの試合前のチームトーク[52]で、アルテタは当時の経験を選手たちに語った。しかし、それがポジティブな影響を与えることはなかった。アーセナルは0―4で、リバプールに完敗したのだ。次のゲームではニューカッスルに2―0で勝利したが、その後に劇的な2週間が待っていた。

アーセナルはマンチェスター・ユナイテッドとエヴァートンとのアウェイ戦を控えていた。敵地オールド・トラッフォードでの試合前、オーバメヤンの不調が話題になっていた。アーセナルのキャプテンは4試合ゴールから遠ざかっており、いくつかのチャンスを逃していた。

52 **チームトーク** 監督がチームをピッチに送り出す前に行うミーティング。監督にとっては選手たちに声をかける試合前最後の機会となり、どちらかというと戦術的な詳細を確認するよりも、モチベーションを高めるために活用されることが多い

彼がスタメン起用されることに対して疑問視する声もあり、活躍できずにマンチェスター・ユナイテッドに2–3で敗れたことで、その声はさらに大きくなった。そのため、エヴァートン戦でオーバメヤンが先発メンバーから外れたことには驚きはなかった。ハーフタイムの時点では、ウーデゴールのボレーシュートでアーセナルが1–0でリードしていた。しかし、エヴァートンは後半に同点弾を決め、デマレイ・グレイがロスタイムにゲームを決めた。アルテタは終盤にオーバメヤンを投入したが、彼は最後のチャンスを決められなかった。

アーセナルは好調だったが、数試合のうちに3敗してしまっていた。彼らはチャンピオンズリーグの出場権を得られる圏内まであと4ポイントという位置にあったが、雰囲気は良いものではなかった。アルテタのチームはアンフィールドでリバプールの猛攻に屈し、マンチェスター・ユナイテッド戦ではリードしながら勝ち切れず、グディソン・パークでも同じ過ちを繰り返した。

「リードしている試合でこそ、もっと上手にプレーしなければならない。精神的な問題が影響していると思う。1–0でリードしていると、勝ちを失うことを恐れてしまう。それこそが、大きな間違いだ」

オーバメヤンをキャプテンから外す

アーセナルにとっては、ストレスが溜まる期間だった。そして、次のサウサンプトン戦でさらに状況が悪化した。試合の前夜、私はオーバメヤンが出場しないのではないかという情報を入手した。より詳細な情報を探ったが、アーセナル側の関係者は沈黙を保ち、オーバメヤンの関係者からも情報は漏れてこなかった。新型コロナウイルス感染を疑った記者もいたが、何かもっと大きな問題が起こっているような嫌な予感がした。そして試合当日になってその理由が判明した。

「残念ながら、規律違反があった。クラブとして設定した妥協できない事項があり、それは徹底しなければならない。オーバメヤンは本日、メンバーには入っていない。キャプテンにこのような処置をすることは本来望んでいなかった」

とアルテタはコメントした。

アーセナルは3－0で勝利したが、注目を集めたのはオーバメヤンの去就だった。アルテタは試合後の記者会見で、オーバメヤンについての説明を拒否した。スカッドに含まれていない状況が長期的なものになるかどうかを尋ねられた彼は

「今日からスタートだ」とのみ答えるだけだった。

オーバメヤンがスカッドに含まれていなかった理由は、病気の母親に会うためにフランスに旅行しており、帰宅が遅れたことによるものだった。アーセナルはオーバメヤンの状況を理解しており、前シーズンは3試合を欠場することになっても、母親に会う許可を与えていた。グディソン・パークでの試合後に同じようにオーバメヤンが許可を求めたとき、アルテタとクラブは新型コロナウイルスの感染が拡大する状況でも、特別に許可を与えた。オーバメヤンは水曜日の夜に帰国し、週末のサウサンプトン戦に向けて木曜日にはトレーニングに参加する予定だった。

しかし、オーバメヤンは木曜日までにイギリスには戻らなかった。アルテタはキャプテンに裏切られたと感じた。そしてそれが初めてのことではなかったということもアルテタのさらなる怒りを買った。ノース・ロンドン・ダービーでは遅刻によってメンバーから外され、その前にもタトゥーの問題やコロナウイルスの検査を受けていなかったというトラブルもあった。一部のチームメイトはオーバメヤンが厳しく扱われていると感じていたが、アルテタは全員が同じ基準を守らなければならないことを示し、スター選手であっても同じように罰しなければならないと考えていた。アルテタはサウサンプトン戦の数日後に「オーバメヤンをキャプテンから外す」と発表した。

「クラブとして、私たちの決定は明確だ。私たちが合意したルールで、期待された行動をしなければならなかった。そのコミットメントと情熱が、必要だ。残念ながら、それが失われてしまった」

声明が発表される直前、彼は選手たちをトレーニンググラウンドに集め、起こっていることを選手たちに伝えなくてはならなかった。

「私たちはルールを決めなくてはならない。クラブと私はこのような行動を受け入れない。チームの文化を変え、今までとは異なるクラブやチームになるためには、誰であってもルールを守らなければならない。これが私のメッセージだ」

オーバメヤンの人気を考慮すると、こうした厳しい姿勢を示すことでファンからの反発を買うかもしれないとアルテタは考えていた。オーバメヤンは調子を崩していたかもしれないが、それでも実力については疑う余地がない。チャンピオンズリーグ出場権を争っているタイミングでエースストライカーを罰することは、誰もが納得できる決断ではなかった。そしてアルテタが独裁者のように、オーバメヤンを使って自分の権力を示そうとしていると考える人もいた。

「私は独裁的な言動や冷酷な態度で権力を行使することで、権威を確立することはない。選手に対し、すべてのシュートをゴールの隅に決めろと要求することはない。しかし、クラブのために毎日正しいことをすることは必要だ。私は、それを彼らに求めていく」

と述べ、アルテタはそれを否定した。

オーバメヤンはスカッドから外され、トレーニングにも参加しなかった。しかし、ロンドン・コルニーに入ることは許されており、チームメイトとは会うことができた。彼は2人のフィットネスコーチと、コンディションの調整を続けていた。ただ依然としてチームミーティングには参加せず、試合にも出場しなかった。オーバメヤンを外すというのは、困難な決断だったが、それはチームに対するアルテタのメッセージでもあった。

アルテタがこの問題にここまで厳格な態度で対応したのは、「アーセナルの文化を変えなければならない」との固い決意によるものであった。アルテタはチームに加入してからチームに規律を徹底させようとしており、確かに進展を感じていた。したがって、キャプテンがチーム全員に要求している基準を下回っている状態を継続することはできなかった。アルテタは行動を起こさなければ、それがクラブ全員に対する誤ったメッセージになってしまうと感じていた。それはファーストチームだけでなく、アカデミーで育成されている若手選手たちにまで及ぶこともある。アルテタの行動は、疑念の余地を残さなかった。アルテタのチームで成功したいのであれば、彼の基準に従うことが必要であることは明白だった。私はアーセナルのアカデミーマネージャーであるペア・メルテザッカーに、アルテタがクラブ全体に与えた影響について尋ねたことがある。

「以前にも増して仕事がやりやすくなった。私は選手たちに本音を包み隠さず質問をすることができる。私が選手たちに伝えるまでもなく、『君がもしトップチームに昇格したら、ミケル・アルテタはそのような振る舞いについてどう感じると思う？　そのような行動を彼は受け入れると思うかい？』と問いかけることができる。彼らはファーストチームで何が起こっているかを把握できるようになった。こうした変化はかなり影響力がある」

と、メルテザッカーは答えた。

アルテタは、オーバメヤンの行動を記録していた。彼が遅刻してやって来た日時や、会話については詳細に書き留められていた。クラブはそれを弁護士に、証拠として提示した。オーバメヤン不在でもチームはピッチ上では好調さを保っていた。サウサンプトンを3–0で破ると、彼らは続く4試合で勝ち続けた。ゴールを決め、失点はわずか2点に抑えていた。ボクシングデーにノリッジを5–0で倒した時点で、順位は4位。2位のリバプールまで、6ポイント差に迫っていた。サカやスミス・ロウがチームを牽引した。さらにラカゼットがオーバメヤンの代わりにセンターフォワードとしてプレーし、周りのアタッカーを輝かせるポストプレーヤーとして活躍した。

スタイフェンベルフとラウンド、信頼の置けるコーチ

上昇気流に乗ったアーセナルは、元日にマンチェスター・シティ戦を控えていた。しかし、アルテタが再び新型コロナウイルスに感染してしまう。クリスマスシーズン以降、感染者が急増し、多くの試合が中止されていた。アーセナルはそれまで大きな影響を受けずに済んでいたが、再びウイルスに侵されたアルテタは

自宅に留まる必要があり、トレーニングを行うことはできなかった。試合当日はスタジアムに行くことが難しかったため、彼は自宅から選手と遠隔でコミュニケーションを取り、代理でアルバート・スタイフェンベルフが監督を務めた。

このオランダ人コーチは、アーセナルで着実にその影響力を高めてきた。彼の先進的な戦術眼は、サッカー界で評価されている。彼とスティーブ・ラウンドはアルテタのアシスタントコーチとしてうまく連携しながらそれぞれが支え合っている。スタイフェンベルフは戦術面を担当することが多く、深く思索することで解決策を探している。試合中はクラブのアナリストと常に連絡を取り合っていることから、ファンからは「AirPods（エアポッズ）アルバート」として親しまれている。彼は試合中にアルテタの隣に立ち、AirPodsから情報を受け取り、それをアルテタに伝達する。一方ラウンドは、長年プレミアリーグに関与してきた人物だ。彼はリーグを知り尽くし、選手が必要とすることを知っており、精神的にもチームをサポートしている。アルテタは2人を高く評価しており、また彼らは選手たちからも信頼が篤い。アーセナルでかつてセットプレーコーチを務めていたアンドリース・ゲオルグソンは2人のアシスタントコーチが、アルテタが掲げる構想に不可欠な存在だと考えている。

「彼らは重要な存在であり、慎重に検討を重ねて選ばれた。ミケルは彼らに対して自分が何を求めているかを正確に知っていた。彼らは異なる特性を持っており、互いを補完している。ミケルとも、彼らは補完し合っているし、互いにアイデアを出し、そこには何らの利害の対立もない。決して虚勢を張らず、地に足がついている。このような2人のコーチが選ばれたのは偶然ではない。ミケルは彼らから何を得て、どのようにチームを補完する必要があるかを知っていた。プレミアリーグのチームをマネジメントする際には、様々なスキルが必要になる。人間関係のマネジメントや心理面も理解しなければならない。極端なプレッシャーや期待を浴びながら日々を過ごしているスタッフや選手との付き合いに関わっている。そして次のゲームプランを作成し、相手チームを分析して正しく状況を把握することだ。ときには、スタッフ同士がぶつかり合うこともある。誰もが最良の戦術的なアイデアを提供したいと考えているからだ。コーチが自分の領域を十分に理解しているのは良いことだ。また、励ましを必要としているメンバーに気づくことも重要だ。この二つをどううまくバランスをとっていくのか、それが求められている」

アルテタはスタッフに対して遠慮せずに敬意を払う。アーセナルの監督としてアルテタは、何度も賞を与えられたが、コーチングチーム全体で祝われた。個人ではなくチームとして闘っている、ということはアルテタが重要視していることだ。こうした背景があるからこそ、アーセナルがシティ戦に挑むときにスタイフェンベルフが指揮を執ることについて、アルテタは心配していなかった。アルテタは試合前にそれを強調した。

「彼は私に近い存在であり、有能なコーチだ。以前にもチームを率いたこともあるし、安心して任せることができる」

好調さを維持するアーセナルは、首位を走るマンチェスター・シティを相手にしても「十分に勝負できる」という期待が膨らんでいた。アルテタはシティとの試合を自宅から観戦していたが、彼らはその期待に応えた。

サカのゴールで1－0と先制した前半は、アーセナルにとって理想的な試合展開だった。マルティネッリとサカが両サイドから攻め、パーティが圧倒的な存在感で中盤を支配した。ハーフタイムまで、シティはシュートすら打てなかった。アーセナルは数年ぶりにシティに対して自分たちの望むプレースタイルでゲームを運んでいた。それもグアルディオラのチームを単に抑えるのではなく、ゲームを完全に支配していたのだ。しかし、後半4分間で状況は一変した。VAR判定を経て、ジャカのファールでマンチェスター・シティにPKが与えられ、ナタン・アケのスーパークリアで得点機を防がれる。マルティネッリが決定機を外すと、ガブリエウがレッドカードで退場せざるを得なくなったのだ。そして最終的には、ロドリが試合を決定づける逆転弾を決めることになる。スタジアムには、納得のいかない空気が漂っていた。アーセナルは不利な判定に激怒し、アルテタも怒りを感じていた。

アーセナルにとって、1月は最悪の結果だった。FAカップの3回戦で、当時チャンピオンシップに所属していたノッティンガム・フォレスト相手に低調なパフォーマンスに終始し、0-1で敗戦した。さらにカラバオ・カップでリバプールに敗れ、リーグではホームでのバーンリー戦をスコアレスで引き分けた。その後、シーズン2度目のノース・ロンドン・ダービーが予定されていた。アーセナルが選手不足を理由に延期を申請し、ゲームは中止された。パンデミック中にプレミアリーグが導入した規則によれば、チームが14人未満の選手（13人のフィールドプレーヤーとゴールキーパー）しか起用できない場合、試合を延期する申請をすることが許されていた。アーセナルは怪我とコロナウイルス、アフリカネイションズカップで不在の選手がいたことで、出場可能な選手を12人しか確保することができなかった。プレミアリーグはアーセナルの要請を許可し、ダービーは延期となった。

プレミアリーグ側の発表を受けてトッテナムは「この申請が承認されたことに、驚いている。当初の目的は、コロナウイルスの感染で直接影響を受けた選手の状況を考慮し、怪我を含めてクラブがチームの人数を揃えられないまま試合をすることを避けるためだった。私たちはこのルールが、コロナとは関係のない選手の欠場に使われる意図で制定されたものだとは思っていない。これは、意図されていなかったルールの利用ではないか」と怒りを込めた声明を発表した。実際、アーセナルの選手でコロナウイルスに感染していたのは2人だけだった。その2人以外は、怪我をしているか、代表チームに帯同しているだけに過ぎなかった。それに加えて、フォラリン・バログンとエインズリー・メイトランド＝ナイルズをローン移籍させることを決めたばかりで、トッテナムの怒りをさらに買うことになった。

「ルールの乱用だ。1週間前に選手をローンに出しておいて、それから試合の延期を頼む。プレミアリーグは恥じるべきだ。ルールを制定しなければいけないのに、これでは大惨事だ」と元スパーズのミッドフィルダー、ジェイミー・オハラはソーシャルメディア上で怒りを表明した。そしてオハラだけではなく、ファンや評論家もアーセナルの対応を非難した。その批判は激しいものであり、アーセナルは今でもそれを苦々しく思っている。

12月と1月には多くの試合が新型コロナウイルスによって延期されていたが、トッテナム戦に関するプレミアリーグの発表に対する反応はこれまでにないものだった。アーセナルはこの試合以前には1試合しか延期を申請したことがなく、それはシーズン開幕戦のブレントフォード戦だった。そのとき、プレミアリーグは彼らに試合を開催するように強制し、アーセナルは万全とは言い難い状態で試合に臨んだ。その後、怪我人が続出したウルブスがクリスマス直前にエミレーツでの試合を延期。また試合前の検査で陽性者が続出し、深刻な選手不足に陥ったリバプールがカラバオ・カップ準決勝のファーストレグの延期を認められたが、その後、これらの多くは偽陽性だったということがわかった。アーセナルは抗議せず、黙認した。

「試合に必要な選手の数が揃わず、クラブはスカッドを用意することができなかった。リーグに試合の延期を要請したのは正しい決定だったと思っている。私はクラブを守らなければならない。誰かが私たちの評判を落としたり、起こっていないことについて嘘をついたりすることは許されない。私たちは10人の選手を欠いていても、フォレスト戦に臨んだ。リバプールとのアウェイゲームでも、多くの選手が不在だった。試合を行うために必要なスカッドを用意できなかったので試合を行わなかった。それだけのことだ」

オーバメヤンの放出が決まる

この問題がくすぶる中、一方では1月の移籍が進行していた。いつものようにアーセナルの選手獲得は注目の的であった。フィオレンティーナのエースストライカー、ドゥシャン・ヴラホヴィッチが移籍するのではないかとの報道が多く、イタリアからは多くのジャーナリストたちが獲得交渉を報じていた。しかし、これはあまり信用性のないニュースだった。アーセナルがヴラホヴィッチに興味を持っていたことは広く報じられていたが、彼をそこまで積極的に狙っていたわけではないと、私は知っていた。そのため、私はヴラホヴィッチへの言及は避けてきた。これは誰かが意図的に流している噂のように感じられ、実際にフィオレンティーナは巧みに価格を引き上げることに成功した。ヴラホヴィッチ陣営にとっても、「クライアント」が注目されるのは嬉しいことだった。彼が移籍期間の終盤に大金でユベントスに移籍したとき、私は驚かなかった。

アーセナルはユベントスのミッドフィルダー、アルトゥール・メロとの交渉を進めており、実現する可能性があった。メロの代理人であるフェデリコ・パストレッロはロンドン・コルニーに赴いて交渉をまとめようとしたが、最終的にアーセナルとの交渉は破談となった。彼らはシーズン終了までのローンを望んでいたが、ユベントスは完全移籍を求めたからだった。

1月の移籍市場で新たに補強した選手は少なかった。MLSのニューイングランド・レボリューションとの交渉によって、夏にGKのマット・ターナーが加入することになった。そしてアーセナルには解決しなくてはならないことがあった。それはもちろん、オーバメヤンの問題だった。アーセナルの元キャプテンはチームに残っており、移籍市場の閉幕が近づいても彼が移籍する兆候はなかった。

アルテタはファンだけでなく、クラブの幹部からも彼をスカッドに戻すように圧力をかけられていた。上層部はシーズン終了までこの状況を放置するわけにはいかない、と考えていたのだ。アーセナルはチャンピオンズリーグ出場を目標としており、週給30万ポンドを受け取っているオーバメヤンをスカッドに加えないことは、大金をドブに捨てるようなものだった。この状況を完璧に浮き彫りにしたのは、「オール・オア・ナッシング」のドキュメンタリーでの一場面だ。エドゥ、ヴィナイ・ヴェンカテシャム、そして契約担当であるリチャード・ガーリック[53]は、ロンドン・コルニーのエドゥのオフィスでオーバメヤンについて話していて、「彼はスカッドに戻り、シーズン終了までチームを助けなければならない」とエドゥが述べ、「彼をチームに再統合する必要がある」とヴェンカテシャムが同意する。それに対してガーリックは「それにはミケルと話をすることが必要だ」と付け加えた。

実際にオーバメヤンの去就についてアルテタとの話がなされたが、アルテタは意思を変えることはなかった。彼はオーバメヤンとの信頼関係はすでに修復することが不可能だと感じており、何が起きてもオーバメヤンをチームに戻すことはない、という姿勢を崩さなかった。これにより、クラブは難しい状況に陥ること

53 **リチャード・ガーリック** ハス・ファーミーの後任としてアーセナルの契約担当を担うディレクター。ウェストブロムやプレミアリーグでもディレクター職を経験している

になった。上層部はオーバメヤン放出に全力を尽くすことには合意したが、移籍期間の最終日が近づいても、どのクラブからも条件を満たすようなオファーは舞い込まなかった。

サウジアラビアのアル・ナスルがオーバメヤンの獲得に乗り気だったが、オーバメヤン本人が移籍を拒んでいた。バルセロナもそうした状況を見守っていたが、交渉の前に彼らは別の選手の放出を必要としていた。バルセロナはギリギリまで待っており、最後の24時間で様々な動きが出てきた。バルセロナは電話でオファーをしてきたが、彼らはシーズン終了までのローンを希望していた。これはアーセナルの望みではなく、彼らは夏にオーバメヤンが戻ってきても、同じことが繰り返されると思っていた。アーセナルはオーバメヤンの契約を解除し、完全移籍させることを目指していた。移籍期間の最終日になっても、交渉は続いていた。オーバメヤンはクラブの許可を得ず、バルセロナに飛んだ。アーセナルがそれに気づいたのは、彼が空港に到着する写真がソーシャルメディア上で広がっていたときだった。その時、アーセナルの残りのスカッドは温暖な場所でトレーニングキャンプを行うためにドバイにいた。オーバメヤンはロンドン・コルニーに残され、フィットネスを維持するトレーニングが予定されていた。アーセナルが彼の代理人に電話して何が起こっているのか尋ねたとき、代理人は父親がそこに住んでいるため、個人的な理由で飛んで行ったと説明した。

日が進むにつれて、取引が成立しない可能性が高くなっていった。両クラブはそれぞれの立場を示し、譲歩する気はないと表明していた。しかし、移籍市場があと残りわずかとなったところで、バルセロナがオーバメヤンと3年契約を交わすことが合意され、アーセナルは彼の契約を解除した。これはアーセナルにとって理想的なシナリオだった。混乱の種であった選手を放出し、やっとのことで2000万ポンドの給与を節約することができるようになったのだ。しかし、これは大きなリスクでもあった。オーバメヤンは1月に放出された6人のうちの1人となり、スカッドの弱体化は深刻だった。新しいストライカーが加入しないまま、シーズン後半はラカゼットとエディ・エンケティアに頼らなければならず、両方とも夏に契約が終了する状況だった。これはチャンピオンズリーグの出場権を目指すには、大きな賭けだった。アルテタにはトップ4を守るためにオーバメヤンとの関係に応急処置を施すという選択肢もあったが、別の道を選んだ。今後、失敗すればアルテタに非難の矛先が向くことは明らかだった。アルテタはオーバメヤンの放出について次のように述べている。

「彼はクラブに貢献してくれた。それについては感謝している。私はオーバメヤンとの関係に問題があると考えていたわけではない。その解決策を100％考えてきた。誰とでも、正面から向き合っている」

アーセナルからオーバメヤンが去ったことで、悩みの種から解放された。この間、チームはドバイでの合宿を行った。アルテタとコーチングスタッフは、チームの連携を高めるために「遊びの要素を含んだセッション」を多く行った。アルテタは真面目な人物だが、チームを引き締め、モチベーションを維持するためには様々なアプローチを使い分ける必要があることを理解している。トレーニング中は選手たちに多くの要求をするが、ホテルで一緒にいるときは、グループが一緒に楽しむことに重点を置いている。「間違い探し」のゲームを特に好んでいて、ドッジボールの試合を行うこともある。

ドバイでのキャンプは、ポジティブな効果をもたらした。ウルブス戦に1−0で勝利すると、ブレントフォード、そして再度ウルブスをエミレーツ・スタジアムで倒すと、ワトフォードとレスターにも連勝した。リバプールによって5連勝はストップしたが、数日後にはアストン・ヴィラに1−0で勝利し、4位に浮上。チャンピオンズリーグの出場権争いで優位なポジションに立った。「われわれには、スーパーなミケル・アルテタがいる！」というチャントが合唱されるようになり、アウェイの地でもチームを祝福するために何度も歌われることもあった。その光景について、

「かなりやりがいを感じている。サポーターがクラブに対して、強い感情を抱いていることが実感できる。われわれが彼らを幸せにできれば、大満足だ。サポーターが選手と私に対して、関係を築いてくれたことは嬉しいことだ。彼らは私たちと一緒に旅をしてくれており、彼らは私たちが目指しているものを信じてくれている」

とアルテタは記者会見で語った。

アルテタはチームとサポーターの間に「繋がり」を築くことに懸命に取り組んできた。4位という座についたとき、ようやくその成果を実感できるようになった。しかし、それは脆くも崩れてしまう。アーセナルがセルハースト・パーク[54]に向かった2週間後のことだった。キックオフ直前、キーラン・ティアニーの出場

54 セルハースト・パーク
クリスタル・パレスのホームスタジアム

が叶わないことが判明した。彼はスコットランド代表としてプレーし、膝に問題を抱えてチームに戻ってきた。当時は怪我の度合いがどのくらいのものであるのかは把握されていなかったが、最終的にはシーズン終了までプレーできなかった。ティアニーの代わりにヌーノ・タヴァレスが起用されたが、ハーフタイムに交代させられた。その時点でアーセナルはすでに2点ビハインドで、後半に入ってからはウィルフリード・ザハに3点目をPKで決められ、その前にはパーティが太腿の怪我で交代するという惨状だった。

その夜、アーセナルのチャンピオンズリーグ出場権への道は失われてしまうように感じられた。ティアニーとパーティはアーセナルにとって不可欠であり、一方を失うだけでも十分最悪だったが、同時に両方を失うことは大打撃だった。

次のブライトン戦では、アルテタはタヴァレスの代わりにジャカを左サイドバックに起用する奇策を選択した。これは大きな賭けであり、ジャカとパーティという〝定番〟になりつつあったコンビに代わってサンビ・ロコンガとエルネニーがボランチでコンビを組み、ウーデゴールは低いポジションでサポートしなければならなかった。しかし、この代役のコンビは機能しなかった。アーセナルはバランスを欠き、苦しみながら1–2で敗れた。ブライトンはそれまでの7試合でわずか1点しか得点していなかったが、楽々とアーセナルに勝利した。アーセナルは5位に後退し、チェルシーとマンチェスター・ユナイテッドとの試合が迫っていたため、次に対戦するサウサンプトンとの試合で結果を出す必要があった。

アルテタは、中心選手として活躍していたティアニーとパーティを失ったチームを救うシステムを見出す必要があった。ジャカを中盤に戻し、ウーデゴールを攻撃的なポジションで使わなければならなかった。直近の4試合で3敗し、2ゴールしか奪えていないことは、オーバメヤンを放出した穴を感じさせた。ラカゼットはオーバメヤンの放出後、オープンプレーから1ゴールだけしか決めていなかった。2022年、ラカゼットが唯一決めたゴールはレスター戦でのPKだった。一方、バルセロナに移籍したオーバメヤンは、14試合で10ゴールを決めていた。

「ラカは、チームにさまざまな局面で貢献してくれている」とアルテタは、代理でキャプテンを務めていたストライカーを擁護した。

「もちろん私たちは彼に得点してほしいし、その必要があると知っている。しかし、彼にはそれ以外にも重要なクオリティがある。彼は、周りの選手を輝かせる力を持っている」
しかし、味方をサポートするラカゼットの能力でさえ、本来のものではなかった。12月6日のエヴァートン戦の敗北から3月6日のワトフォード戦の勝利までの期間、ラカゼットは10試合で7アシストを記録したが、直近の5試合ではアシストから遠ざかっており、ブライトン戦では8本のパスだけにとどまっていた。タッチ数も22回であり、何かを変えなければならなかった。

サウサンプトン戦でアルテタはキャプテンであるラカゼットを外し、エディ・エンケティアをセンターフォワードで起用した。そしてジャカを中盤に戻し、タヴァレスを左サイドバックでプレーさせた。試合を支配し、サウサンプトンの9本に対して23本のシュートを打ったが、得点には遠かった。ハーフタイム直前にヤン・ベドナレクがゴールを決め、3連敗を喫しもはや絶望的な状況にあった。その試合の3日後には、チェルシーとユナイテッドとの連戦が控えており、これが、アーセナルにとって最後のチャンスだった。アルテタはチェルシーに勝たなければ、トップ4の可能性は絶望的だと感じていた。

その大事なチェルシー戦で、アーセナルは素晴らしいパフォーマンスを披露した。アルテタはサウサンプトン戦でエルネニーをベンチに下げたが、再び彼を中盤でジャカと一緒に起用し、彼は期待に応えるプレーをした。また、ホワイトはセドリック・ソアレスの代わりに右サイドバックに入り、ロブ・ホールディングがガブリエウと共にセンターバックでプレーした。そして再びラカゼットの代わりにエンケティアを先発に起用し、この（10代のころにチェルシーに放出された）若きストライカーは2ゴールを決めた。さらにスミス・ロウも得点し、サカも残り1分でPKを決めた。このPKでの得点は重要であった。サカにとってアーセナルでの初めてのPKであり、EURO2020の決勝の屈辱的な記憶を払拭した。そのサカのPKについて、アルテタは次のようにコメントした。

「最初はガビ（マルティネッリ）が蹴るのだろうと考えていた。ブカヨがスポットに向かうのを見た時、正直に言えば、昨夏の記憶が蘇った。だが以前言った通り、PKを蹴る勇気があるからこそPK失敗は起きるものだし、彼はこの経験から多くを学び、成熟した。それが今季の好成績にもつながっているし、彼が再びPKを蹴る勇気を持ってくれたことは立派なことだ」

チェルシーに勝ったことで、アーセナルは数日後のユナイテッド戦に自信を持って臨むことができた。サウサンプトン戦で潰えたかと思われていたトップ4の夢に再び可能性が出てきた。それはエミレーツ・スタジアムの雰囲気をより一層盛り上げていた。内容は実にスリリングなものであった。タヴァレスとサカが前半に得点し、サカのゴールはチェルシー戦に続いてまたしてもPKだった。その後、マンチェスター・ユナイテッドのクリスティアーノ・ロナウドが1点を返した。その後、同点に追いつくチャンスとなったPKをブルーノ・フェルナンデスが外し、ジャカがトレードマークのロングシュートを決めた。3–1の勝利は、スタジアムを熱狂させた。

このユナイテッド戦はジャカにとって、特別な試合となった。3年前のクリスタル・パレス戦でジャカがブーイングの大合唱を浴びながらピッチを去った時、3年後もまだジャカがクラブに在籍していて、このような重要な試合で活躍することを予想していた人は誰もいなかっただろう。この試合ではサポーターたちはジャカにブーイングではなく、熱烈な声援を送っていたのだった。ジャカはアルテタと、その喜びを爆発させていた。

「私はこの瞬間を夢見ていた。グラニトは熱烈な声援を受けるのに相応しい選手だ。もしサポーターがグラニトと5分、10分、あるいは2分でも一緒に過ごせば、彼がどんな人物であり、どれほどクラブを大事にしているかを理解するはずだ。彼は今、サポーターに愛されていると感じている。だからこそ、皆さんに感謝したい。ファンは彼に対して献身性を示してくれている。それが彼にとってどれだけ意味があるか、私は知っている」

とアルテタは述べた。

アーセナルは4位のスパーズを2ポイント引き離し、翌週末にウェストハム戦でガブリエウとホールディングのゴールで2‐1で勝利したことで、その勝ち点差を維持した。アーセナルはスパーズがレスターを破ったことを知り、ロンドン・スタジアムで勝つプレッシャーを感じていた。最良のパフォーマンスではなかったかもしれないが、アーセナルはタフに戦い、クリスタル・パレス、ブライトン、サウサンプトン戦の連敗から立ち直った。あと2勝すればチャンピオンズリーグの出場権を得られる状況にあった。リーズとスパーズに勝てば、残り2試合でトップ4が確定する。後は勝ち点を積み上げるだけの状況となっており、アーセナルの自らの手に運命が委ねられていた。

アルテタの契約延長と「The Angel」

5月18日のリーズ戦の前にアルテタはクラブとの契約を2025年まで延長した。このタイミングで契約延長がなされたことは人々を驚かせた。多くの人々は、シーズンの結果を見極めてからでも遅くないと感じていた。しかし、経営陣とオーナーはそれを待つ必要はないと考えていた。上層部はアルテタの将来を確実なものにしたいと考えていた。

「契約延長により、将来の安定性と確実性が提供され、効果的に一緒に前進できる。ミケルのコミットメントと情熱は、皆が見てきた通りだ。彼はチームを成長させ、トロフィーを争えるようになると確信している」

とジョシュ・クロエンケは述べた。

アルテタ自身もこのタイミングでの契約延長は適切だと感じていた。不確実な将来に気を散らされることを望んでおらず、集中してチームを率いていきたいと考えていたからだった。これはクラブに所属している選手だけではなく、新しく獲得候補となっている選手にも良いメッセージとなった。

リーズ戦は、ソーシャルメディアで話題になった「ある歌」の話題で持ち切りだった。その作者であるルイス・ダンフォードは、アーセナルの地元イズリントンを拠点とする歌手で、ハイベリーとエミレーツを愛するアーセナルのサポーターだ。リーズ戦の数週間前、彼は友人とビールを飲みながら、イズリントンのユニオン・チャペルで行ったライブパフォーマンスを見ていた。その歌は「The Angel」と呼ばれ、地元である北ロンドンに捧げられた歌だった。

「僕らはパブで飲んでいたんだけど、友人が『エミレーツでこの歌を流そう』と言ってきたんだ。だから冗談で、僕はアーセナルのタグを加えて『「The Angel」を流してくれ。みんなが望んでいる』って投稿したんだ。ただ、僕のファンが面白がってくれればと思ってね。そして次の日、起きたら一晩で千以上のリツイートがあった。何が起きているのか、わからなかった。それから数日で、フォロワーが2千から1万、それから1万5千、3万に増えていった。『酔って投稿した冗談が、こんなことになるなんて!』って思ったよ!」

とダンフォードはインタビューに答えている。

この「The Angel」は投稿後数日でiTunesチャートで2位となった。1位はレディー・ガガだったが、ダンフォードのPopham EP(その中に“The Angel”が収められていた）は瞬く間にそれを追い抜き、アルバムチャートのトップに輝いた。

「ありえないよ！　僕がエド・シーランとハリー・スタイルズを追い抜いていたんだから」

アーセナルは、ファンから「The Angelをエミレーツで流してほしい」というメッセージを受け取っていた。アルテタにも数千のメッセージが届いており、彼もそれに乗り気だった。彼はサポーターとの交流がどれほど重要かを知っており、2019年の就任会見でも公言していた。彼はクラブのアンセムに相応しい歌を長い間探しており、それはエミレーツでキックオフ前に流れ、ファンとチームを結びつける歌だった。だからこそ「The Angel」が急に現れたとき、アルテタの反応は素早いものであった。

アルテタは、トレーニンググラウンドでのチームミーティングで選手たちに「The Angel」を聞かせ、ダンフォードはロンドン・コルニーに招かれ、また、リーズ戦にゲストとして招待されたのだった。選手たちが試合前の円陣を組む直前に彼の歌が流れると、ダンフォードはディレクターズボックスに座った。ソーシャルメディアから突如火が付いたこの「The Angel」については、もちろん、私も知ってはいたが、サポーターたちが本当に熱唱するかどうかわからなかった。

しかしそれは杞憂だった。何千人の人々が叫びながら腕を掲げ、スカーフを掲げた。ダンフォードの歌がアーセナルの応援歌になった瞬間だった。

「ここ数週間で、あなたたちが私とこの歌のためにやってくれたことを決して忘れない。何があっても、この歌はあなたたちのものだ。ありがとう。ノース・ロンドンよ永遠に！」とダンフォードは試合後に投稿した。


アルテタは、それを「感動的な瞬間」と表現するだろう。アーセナルは過去にクラブのアンセムを選ぼうとし、失敗してきた。数年前にエルヴィスのヒット曲「The Wonder of You」をアンセムにしようという動きもあったが、クラブ主導であり、ファンは乗り気ではなかった。

しかし今回は違った。ファンが主導してアンセムを歌った。彼らはそれを望んでいて、アルテタとクラブは喜んで応じた。アーセナルのサポーターグループであるREDactionのレイモンド・ハーリヒーは、

「いろんな多くのことが一つになって、本当に心に響いた。皆が一緒に歌えるコーラスを愛し、キックオフ前に流す動画は完璧だ。私はノースロンドンの出身であることを誇りに思っているし、もちろん他の多くのサポーターもそうだろ

う。世界中にファンがいる。そして試合に来る人たちは北ロンドンで歌うことができる。アルテタはそのつながりの重要性を理解している。ベンゲルは愛されていたが、彼はほとんどファンのことやファンとのつながり、雰囲気に言及することはなかった。もちろん、その時のチームは素晴らしかったので、サポーターの力を必要としない時もあった。しかし、何かが欠けていたんだ」

とコメントした。

立ちふさがる「宿敵」

新たなアンセムが誕生したリーズ戦では、エディ・エンケティアが2ゴールを決め、2–1で勝利した。彼らはようやく「約束の地」に戻ってきた。次のスパーズ戦に勝利すれば、シーズンの最後2試合の結果を問わず4位が保証される。ノース・ロンドン・ダービーは一大イベントだが、チャンピオンズリーグの椅子も争うという試合になった。アーセナルがシーズン開幕から3連敗し、降格争いも噂された状況を脱してここまで辿り着いたのは注目すべきことだった。アルテタは新しいチームを率い、32試合中21試合で勝利し、２０１７年以来となる、チャンピオンズリーグ出場まであと一歩というところまできたのだった。

「試合の重要性を、説明する必要はない。誰もがわかっていることだ。トッテナムに勝つ機会があり、私たちの意思とエネルギーはその方向に向けられるだろう。果たしてどのような結果になるか結果を待つのみ、だ」

とアルテタは試合前にこう述べた。

ノース・ロンドン・ダービーは1月に行われるはずだったが、アーセナルの要請を受けて選手不足により延期になっていた。アーセナルにとっては、待ちに待った試合だった。トッテナムは、未だに敵意をむき出しにしていた。アントニオ・コンテ[55]のチームにとっては、生きるか死ぬかの局面を迎えていた。アーセナルはニューカッスルとのゲームも控えていたので、この試合を怪我などのトラブルがないまま、無事に終えたいと思っていた。

出だしは好調だった。しかし、セドリックがソン・フンミンへのファールでペナルティキックを献上。その後、ハリー・ケインがＰＫを決め、その数分後には

55 **アントニオ・コンテ** 当時のトッテナムの監督。現役時代は主にユベントスでプレーし、その後イタリア代表やインテル、チェルシーでも指揮を執った名将

ホールディングが警告を受けて退場となった。さらにケインはハーフタイム前に2点目を、そしてその後ソンが追加点を決めて3−0にした。アーセナルにとっては破滅的な試合内容であり、しばらく立ち直ることができなかった。

ホールディングはダービーの雰囲気に過剰に興奮してしまい、感情を抑えることができず、彼の退場はアーセナルにとっては痛いものとなった。この悲劇的な敗北のダメージはニューカッスル戦まで続いた。ガブリエウも終了前に負傷し、ティアニーとパーティが欠場し、ホワイトはハムストリングの怪我でユナイテッド戦からプレーできておらず、ホールディングは出場停止。アーセナルにとっては、まさに窮地という状況だった。そんな中でもアルテタは、選手たちを懸命に鼓舞していたが、ニューカッスル戦は擁護の余地すらなかった。スパーズは前日にバーンリーを打ち負かして4位に浮上しており、アーセナルはセントジェームズ・パーク[56]でなんとしてでも勝たなければならなかった。トッテナムは降格がすでに決まっているノリッジとの試合を最終日に残しており、彼らが敗北する可能性は低かった。

アーセナルは覇気を失っていた。ガブリエウとホワイトがセンターバックで先発したが、そのプレーは低調だった。冨安も先発で起用されたが、30分にハムス

56 **セントジェームズ・パーク** ニューカッスル・ユナイテッドの本拠地

トリングを負傷し、交代となってしまった。アーセナルにとっては、余計な1試合のようで、もはやその夜、ニューカッスルに抗う力が残っていなかった。結果は0−2だったが、得点差はそれ以上に広がっていてもおかしくなかった。チャンピオンズリーグという夢は、絶望的だった。誰もが失望を感じる中、アルテタは、

「数字的にみれば試合はわれわれの手中にあった。この絶望感から立ち直るには、時間が必要だろう」

とコメントした。

5位でフィニッシュした2021−22シーズン

5月22日のシーズン最終戦。4位を奪う唯一の方法は、エミレーツでエヴァートンに勝ち、ノリッジがトッテナムに勝つことだった。それが現実になるということを信じていた人は、おそらくいなかっただろう。アーセナルはエヴァートンを5−1で倒したが、トッテナムもノリッジを5−0で蹴散らしたのであった。

結局、アーセナルは5位でシーズンを終えた。前シーズンの8位と比較すれ

ばチームは進歩していた。クラブ内部的にはシーズン当初の目標はトップ6であり、エミレーツにヨーロッパリーグの出場権を取り戻すことだった。アルテタはこの目標を達成し、クラブの雰囲気はポジティブに変わっていた。エヴァートン戦の後、クラブのサポーターはお祭りのように喜んでいた。ニューカッスル戦での敗戦で、ソーシャルメディア上では批判するサポーターも存在していたが、最終日を迎えたスタジアムではネガティブな空気は感じられなかった。

「サポーターは私たちがやっていることをちゃんと見ている。選手たちが何をしようとしているか、クラブを代表する役割を果たしているのか、そしてアーセナルというクラブとしてのわれわれがどのような存在なのか、彼らはそれを知っている」

とアルテタはコメントした。

アーセナルは10か月もの間、サポーターを楽しませてきた。そして、それをリーグ内で最も若いチームで成し遂げた。最後は残念だったが、進歩がサポーターの心を慰めていた。スカッドは刷新されて平均年齢は大幅に若くなり、給与支出は削減された。また、サポーターとの新しい関係性を築いた。私もエミレーツに行くのが楽しみになっていた。長い間、試合に行くことが義務のようになっていたのが一変し、アーセナルの試合でワクワクするようになっていた。ファンのもとに信じられるチーム、本当に心を揺さぶるチームが戻ってきたのである。
そして、それが顕著に表れたのが最終日のエヴァートン戦だった。

アーセナルにとって重要なことは、これまでの実績をベースにチームを構築していくことだった。チャンピオンズリーグの出場権を失ったことで、失望している時間はなかった。クラブには、大きな夏が待ち構えていた。すでにマンチェスター・シティからガブリエウ・ジェズスの移籍について交渉をスタートしていた。アルテタは「われわれはクラブを次のレベルに引き上げる野望がある。そのために、明確な計画がある」と語った。

CHAPTER 5

情熱

［2022－2023年］

最愛の妻、3人の息子、そしてバーベキュー

アーセナルの選手たちは、あと一歩というところでチャンピオンズリーグ圏内に届かなかった失望感に苦しんでいた。一方で、シーズンオフに国際大会がなかったことは彼らにとって幸運だった。ストレスから解放され、リラックスすることが許されたのだ。アルテタも妻と3人の息子たちと一緒に、姉が住んでいるマジョルカで夏を過ごした。アルテタの生活の大部分を占めるほど大切な存在だ。彼は仕事のことを忘れ、妻と子どもたちに時間を使おうとする。しかし、アルテタは「オフの過ごし方については改善が必要だ」と認めている。アルテタのように仕事を中心に生活していると、オフに気持ちを切り替えるのは簡単なことではない。

アルテタは2010年に妻のロレーナと結婚した。彼らが出会ったのは両者がまだ19歳の頃、サン・セバスティアンでのことだった。

「私はすぐに恋に落ちた。彼女と出会った瞬間、運命の人だと思った。彼女の気

を引くのはなかなか大変だったよ」

と彼は妻との出会いについて「Telegraph」紙のインタビューでこう明かしている。

アルテタは現在ロンドンで家族と一緒に住んでいるが、2019年、アルテタが指導者としてのキャリアをスタートしたとき、ロレーナと子どもたちはロサンゼルスに住んでいた。それはアルテタにとって、困難な時期だった。彼は自宅での時間を大切にしており、特にバーベキューを楽しむ。冬でも庭でバーベキューをするほどだ。子どもたちと一緒に火をおこす時間は彼にとって宝物なのだ。難しい仕事を終えてバーベキューをするひとときはリラックスするという。バーベキュー用の設備には彼とロレーナのイニシャルと、「Que nunca se nos apague el fuego」という言葉が刻まれている。これは「火が絶えることのないように」と訳すべきだろう。

アーセナルのキャプテン時代、彼はチームメイトとよくバーベキューをしていた。特にサンティ・カソルラ、アンドレ・サントス、バカリ・サニャとは頻繁に一緒に食事を楽しみ、サッカー観戦もしていた。エル・クラシコ[57]のときには観戦会を主催することもあった。

57 **エル・クラシコ** レアル・マドリードとバルセロナの試合の愛称。スペインや世界中のサッカー界から最も注目が集まるビッグゲームの一つ

「まだアルテタの家に入ってもいないのに、彼は各チームがどのフォーメーションでプレーするかを考えていた。私はおつまみを探していたが、アルテタは『どう思う？　3-5-2だろうか？』と戦術のことを話していた。彼はサッカーのために生きている」

とサニャは話していた。

ガブリエウ・ジェズスの獲得

それだけサッカーにすべてを捧げているアルテタにとって、シーズン終盤の崩壊は辛いものだった。彼に近いところで働く者たちは、アルテタが「敗北から立ち直ることに苦しんでいた」ことを知っている。トップ4でフィニッシュすることがチームのプロジェクトにどのような意味を持つかを理解していたからこそ、アルテタは他の誰よりも失敗の痛みを感じていた。

しかし、彼とエドゥには休む暇はなく、スカッドの強化は急務だった。チームの強化において、マンチェスター・シティに所属するガブリエウ・ジェズスの獲得が優先事項となった。ラカゼットは契約満了となり、延長のオファーがなかったため、チームを去ることになった。エンケティアは2022–23シーズンの活躍を評価され、クラブ伝統の「14番」[58]を引き継ぐことになった。アルテタにとって、喫緊の課題はトップクオリティのFWの獲得だった。

アーセナルは2021–22シーズンにおいて、61ゴールしか決められなかった。アルテタはプレミアの上位争いでは、90から100のゴールが必要になると感じていた。したがって、得点力だけでなくサカやマルティネッリの力を活かすことができる選手が必要だった。そしてジェズスは、その能力を持つ選手だった。

アルテタはマンチェスター・シティ時代にジェズスを指導しており、彼のプレースタイルを理解していた。そして彼の特徴は、アーセナルのプレースタイルにフィットすると考えていた。オーバメヤンの退団後、アーセナルが1月に焦って選手を獲得しなかった理由は、ジェズスの獲得というミッションに動き出していたからだった。マンチェスター・シティはアーリング・ハーランドを獲得し、ジェズスを放出する意向だったが、シーズン終了までの移籍は許可していなかった。アルテタとエドゥはジェズスという第一希望のストライカーを獲得するために、時間を費やすことを覚悟していた。他にも、ストライカーの獲得が検討され

58 **14番** 一般的にストライカーは9番をつけることが多いが、ティエリ・アンリが14番だったことから、アーセナルではエースストライカーが背負う番号となっている。プレッシャーも大きい背番号で、エンケティア、オーバメヤン以前はずっとセオ・ウォルコットが付けていた

ていた。

ナポリでプレーするヴィクター・オシムヘンの代理人とも会談が行われたが、移籍金が高かったこともあり、進展する気配は感じられなかった。したがって、アーセナルはジェズスの獲得に集中していた。彼らは迅速に市場で行動し、早期にジェズスの獲得を決めようとしていた。初めての本格的なプレシーズンを、アルテタは最大限に活用したいと考えていた。アーセナルは7月の初めにドイツに移動し、アディダス本社でのトレーニングキャンプを予定しており、この遠征はFCニュルンベルクとの練習試合で終わる予定だった。アルテタはこのキャンプに、ジェズスを参加させたいと考えていた。ただ、アーセナルはジェズス以外の獲得にも動いていた。右サイドバック、右ウインガー、そしてセンターバックを探していた。リーズ・ユナイテッドのウイング、ラフィーニャもリストに載っており、アプローチをしていたが、本人がバルセロナ移籍を望んでいることが明らかになると、アーセナルは撤退を決めた。そして突如、ファビオ・ヴィエイラの獲得が発表された。

メディアが必死に情報を収集する近年では、このようなサプライズ移籍は珍しい。ヴィエイラの獲得はその一例だった。アーセナルは迅速に移籍を進め、取引が完了するまで一切の情報を漏らさなかった。そして3000万ポンドの移籍金で、ポルトのプレーメーカーを獲得することが決定した。アルテタとエドゥはヴィエイラの創造性が、プレミアリーグでも通用すると考えていた。そして彼は若く才能があり、ファイナルサードでチャンスを演出する選手だと評価されていた。

新シーズンに挑む準備をしていたアーセナルが興味を持っていたもう一人の選手は、アヤックスのDF、リサンドロ・マルティネスだった。アーセナルは複数回オファーを提示していたものの、合意には至らなかった。結局、アルゼンチン人DFはマンチェスター・ユナイテッドと契約した。アーセナルは左サイドバックとセンターバックでプレーできるマルティネスの柔軟性に注目しており、積極性と足下の技術を評価していた。アルテタのチームはボール保持の面で成長を続けており、守備的な選手も中盤に移動し、ボールを触ることが求められていた。アーセナルはマルティネスの獲得に失敗したが、ユナイテッドが支払った5670万ポンドを支払う気はなかった。アーセナルの移籍市場でのアプローチは改善されており、バックアップとなるオプションを複数用意している。彼らは一人の選手の獲得を逃したとしても、迅速に次のオプションに移行する。マルティネスの獲得に失敗したアーセナルは、慌てることなくオレクサンドル・ジンチェンコにシフトした。そして移籍市場真っ只中にジェズスの獲得が発表された。数週間の交渉が続き、4500万ポンドの移籍金で合意した。チェルシーやトッテナムもジェズスには興味を示していたが、本人はアーセナル行きを熱望しており、移籍交渉はスムーズに進められた。彼はプレシーズンにアーセナルに合流し、夏のトレーニングキャンプに参加した。

アーセナルにとってはジェズスは重要な補強であり、アルテタは新しいストライカーがチームを別のレベルに導くことを確信していた。

「クラブは彼のようなスターを獲得するために、一生懸命に働いた。フォワードはわれわれが追い求めてきたポジションであり、皆が望んでいた選手を手に入れることに成功した。私は、本当に幸せ者だ」

アルテタ、エドゥ、そしてアーセナルの新選手の補強を担う主要なメンバーが夏の移籍市場について会議を開催したとき、そのビジョンは明快だった。アーセナルが欲するストライカーは、アルテタが2シーズンでチームに浸透させたスタイルに合致する必要があった。ゴールを脅かせる選手であると同時に、インテンシティとプレッシング能力でもチームを牽引する必要があった。アルテタらはジェズスが、すべての条件を満たすと確信していた。同時に、彼にはリーダーとしての資質も期待されていた。まだ25歳という若さだったが、マンチェスター・シティでは4回タイトルを獲得したことがあり、アルテタはその経験も大きな武器だと考えていた。若いチームには「経験」も必要だったのだ。

ジェズスの獲得は、チームにポジティブな影響を与えた。アーセナルの選手たちは、ジェズスのトレーニングに対する姿勢に感銘を受けた。ボールコントロールの技術だけではなく、トレーニングに取り組む意欲も普通ではなかったのだ。アーセナルに加入した最初の日から、ジェズスはハングリー精神に満ちていた。シティでは成功を掴んだが、バックアップとしてアグエロの陰に隠れてしまうことが多く、そのイメージを払拭しきれなかった。それこそ、彼がアーセナルに加わることを決意した主な理由の一つだった。彼はチームの主力としてプレーすることを求めており、攻撃陣のリーダーになろうとしていた。

「私は、アーセナルのプロジェクトが好きだ。エドゥと話をしたとき、私はクラブのアイデアに満足した。アーセナルが進みたい方向、アーセナルが成し遂げたいことを知ったとき、アーセナルに移籍することを確信した。そしてミケルと会ったとき、その確信は100%になった。彼を信じており、この偉大なクラブを信じており、自分自身とチームメイトを信じている」

ジェズスはアーセナル加入後、さっそく結果を出した。テストマッチとして開催されたドイツ2部のニュルンベルク戦がジェズスのデビュー戦となった。ハーフタイムで0-2というスコアだったところに投入され、2ゴールを決めた。出場から90秒でゴールを決めると、その後すぐに2ゴール目を奪った。アーセナルは最終的に5-3で勝利し、それは彼の活躍を期待させる夢が溢れるデビューとなった。

サリバのデビュー、ジンチェンコの加入

ドイツから帰国したアーセナルはアメリカに向かい、エヴァートン、オーランド・シティ、チェルシーとの試合を予定していた。代表戦に参加した選手たち、ブカヨ・サカ、ウーデゴール、ウィリアム・サリバには長めのオフが与えられており、このタイミングでチームに合流した。サリバはクラブ加入から3年目を迎

えていたが、まだ公式戦ではデビューしていなかった。武者修行の期間が続いていたことで、アーセナルでの彼の未来は疑問視されていた。サリバと彼の代理人はアーセナルの態度に疑念を抱いており、彼に十分なチャンスを与えられていないことを不安に感じていた。特にサンテティエンヌへのローンが破談となり、2020‐21シーズンの前半にU‐21チームでプレーすることになった期間、サリバはストレスを抱えていた。しかし、マルセイユで充実したシーズンを過ごし、フランス代表にも招集されるようになった。

アルテタはサリバの能力を見極めたいと感じており、サリバにとっては実力を証明するチャンスが訪れた。しかし、アルテタは普通とは言えない、妙な方法でサリバとのコミュニケーションを図ろうと試みた。過去数年のことを考えれば、サリバがアルテタに対して疑念を抱いているだろう、とアルテタは認識していた。そのため、最初の1週間はあえてサリバと距離を取った。アルテタは、その状況でサリバがどのようにチームで行動し、どのようにトレーニングするかを観察したかったのだ。そしてすぐにアルテタはサリバの実力を認めた。

サリバはツアーの初戦であるエヴァートン戦で、早速スタメンに抜擢された。ガブリエウと共に守備の中心としてプレーした彼は、スムーズにチームに適応した。アーセナルは2―0で勝利し、ジェズスはゴールを決めるだけでなく、サカのゴールをお膳立てした。ツアーの出だしは好調で、数日後に行われたオーランド・シティとの試合でも、3―1で勝利した。ゴールを決めたのは、ガブリエウ・マルティネッリ、エディ・エンケティア、リース・ネルソンだった。

加入が決まり、チームへの合流を控えていたオレクサンドル・ジンチェンコはスタン・クロエンケとジョシュ・クロエンケと一緒に試合を観戦していた。アーセナルはツアーの直前にマンチェスター・シティと3000万ポンドの移籍金で合意し、ジンチェンコを獲得していた。偶然にもマンチェスター・シティもアメリカでプレシーズンを過ごしており、ジンチェンコもアメリカに滞在していたため、アーセナルへの合流はスムーズだった。

「彼を迎えることができ、本当に嬉しい。私はジンチェンコを、よく知っている。彼は優れたサッカー選手であり、チーム内の競争を刺激するだろう」

とアルテタは言った。

ジンチェンコの獲得でアーセナルは移籍市場に合わせて約1億1500万ポンドを投じていた。それは前の夏に費やした1億4500万ポンドに迫る勢いだった。アーセナルはジェズスとジンチェンコというチームを変革する実力者を加えた。隠し玉のヴィエイラは未知数の才能であり、３００万ポンドの移籍金でサンパウロから加入したブラジル人アタッカー、マルキーニョスも将来に向けた投資だった。アメリカ人のキーパー、マット・ターナーも約７００万ポンドで加入した。アーセナルがプレシーズンのアメリカツアーから戻る前に、すでに5人の選手の加入が決まっていた。これは、アルテタにとって理想的な獲得だった。

移籍市場が閉まるまでには十分な時間が残っていたが、アーセナルは新たに選手を獲得するのではなく、人員の整理に集中することに決めた。理想的にはサカの控えとなる右ウイングを探していたが、見合う選手が見つからなかったのだ。オーバメヤンの代役を探していたときのように、アーセナルはそのポジションには「時間を費やさなければならない」と覚悟を決めていた。

ジェズスはチームに刺激を与え、ジンチェンコもその実力を示した。ツアー最終戦、チェルシーとのゲームではジンチェンコが左サイドバックで起用された。アーセナルはジンチェンコ、ガブリエウ、サリバ、ホワイトで4バックを組み、これがアーセナルにとって基本のメンバーとなった。アーセナルはチェルシーを圧倒し、ジェズス、ウーデゴール、サカのゴールで前半から3得点。そのままロコンガがヘディングで4点目を加え、4―0で完勝した。この力強いパフォーマンスで来たるシーズンに向けて順調に準備が進んでいることが示され、プレシーズンツアーはまさに成功という言葉で締めくくられた。

クラブが優先すべきターゲットを迅速に獲得したということは、チームを喜ばせた。アルテタは新戦力を急いでグループに加えたいと考えており、ジンチェンコを迅速に移動させ、ヴィエイラも怪我をしていたがチームに帯同させた。アルテタはチームの一体感を求めており、派閥を作ることを嫌った。そういう理由から、選手たちは毎食、別のテーブルに座ることで、違うチームメイトと交流した。そしてアルテタはプレシーズンツアー中、大規模なバーベキューパーティーを催した。テーブルについたすべての選手が自由に交流し、クラブスタッフを含む全員が参加し、夕方には、チームを結束させるためのゲームが催された。シーズン開始前に、新加入の選手たちはすでにチームに十分馴染んでおり、イングランドに戻ったとき、選手たちは結束していた。とても良い雰囲気が漂っていた。そしてエミレーツカップ[59]でセビージャを6―0で破ったとき、新シーズンに向けての期待はより高まった。

59 **エミレーツカップ** 毎年夏のプレシーズン期間中にエミレーツ・スタジアムで開催されるトーナメント形式の練習試合

エミレーツカップでは、20分で4–0とリードを奪うと、後半には2点の追加点を奪った。ジェズスはエミレーツ・スタジアムではデビュー戦となったが、見事なハットトリックを決めた。サカとエンケティアも得点し、そのプレッシングは驚異だった。激しい圧力で相手の自由を奪うと、攻撃陣が躍動する。アーセナルはプレシーズンの5試合すべてに勝利し、20得点4失点だった。前年のプレシーズンでは1試合も勝てなかったアーセナルは、これまでにない準備を整えていた。彼らはプレシーズンを、無敗で終えたのだ。

2022–23シーズン開幕と上昇気流

「非常に楽しみだ。金曜の夜は、違うゲームになるだろう。状況も違うし、雰囲気も変わる。その公式戦に備え、準備していかなければならない」

とエミレーツカップを終えたアルテタはシーズン開幕戦に向けてこうコメントした。

2022–23シーズンは、クリスタル・パレスとのアウェイゲームから始まった。前年のブレントフォード戦とは異なり、アルテタのチームは準備万端でパレス戦に臨み、2–0で勝利し、シーズンを順調にスタートした。最初の25分は、アーセナルの時間だった。パレスはアーセナルのスピードと強度に苦しみ、ゲームの主導権を握ることを早々に諦めなければならなかった。アーセナルが支配するゲームだったが20分のマルティネッリの得点以降はなかなか追加点が生まれず、徐々にパレスが勢いを取り戻し、アーセナルが耐える時間もあった。守備ではサリバが奮闘した。彼はプレミアリーグデビュー戦とは思えない落ち着きようで、ガブリエウと堅牢な守備組織を支えていた。そしてジンチェンコとホワイトも、サイドバックとして活躍した。プレシーズンにサリバが評価を高めたことで、ベン・ホワイトの立場は危うくなると考えられていた。しかし冨安が怪我で苦しんでいることもあり、ホワイトは右サイドバックとして起用され、そのポジションで輝きを放っていた。

そしてジンチェンコの加入により、アルテタはビルドアップ戦術を革新した。ウクライナ代表でもあるテクニシャンは左サイドバックとして起用されるが、アーセナルがボールを持っているときには中盤に移動し、中央のエリアで数的優位を作る。この「偽サイドバック」という戦術はマンチェスター・シティのグアルディオラが得意としており、それをアルテタはアーセナルにも初めて導入した。

ジャカには、過去のシーズンと違う役割が与えられた。彼は攻撃的なエリアでプレーすることを求められており、パーティが4バックの前でゲームを構築しているとき、ジャカとウーデゴールは前線に近いポジションに移動し、ジャカは左の「8番」[60]としてプレーすることになった。ジャカがペナルティーエリアの周辺でプレーするのは驚きだったが、アルテタはジャカが前線に近いポジションにいることで相手チームを困らせるだろうと確信していた。アルテタはこのポジションでジャカを起用し、積極的にゴールを狙うように指示した。これについてアルテタはシーズン前からジャカとの議論を続けていた。

「私はジャカに『君の頭の中で、新しい自分を解放しなければならない。君は中盤の低い位置でのプレーに慣れすぎてしまっている。君が進化してくれなければ、私は何かしら別の解決策を考える必要がある』と伝えた」

と後にアルテタはコメントしている。ジャカはアルテタの期待に応えようと、新しい役割を受け入れた。またジャカはこれまでにないほどスリムな体型になっており、フィジカルコンディションも完璧だった。彼はチームを進化させるために、自分も変わらなければならないと理解するようになっていた。

60 **8番** 伝統的な攻撃的MFと守備的MFの間あたりでより攻守万能なプレーを見せるMFのポジション。現在のサッカーではトップ下を置かずこの8番タイプのMFを起用するチームも多い開幕2戦目のレスターとの試合では、4−2で勝利を収め、新しい役割を与えられたジャカが躍動した。彼は1ゴール、1アシストで攻撃の中心となったのだ。ジェズスはホームでの公式戦デビューで前半に2ゴールを決め、マルティネッリも得点した。サリバにとってもホームスタジアムでのデビュー戦となったが、後半には自身のオウンゴールで一時的にスコアは2−1になってしまった。スタジアムは驚きで数秒間沈黙したが、アーセナルのサポーターはサリバを応援するために大声をあげて彼を勇気づけ、彼がボールに触るたびにサポーターが立ち上がり、拍手喝采を浴びせた。「サポーターの反応は、見たことのないものだった」とアルテタも驚愕した。観客の温かいサポートはサリバだけでなく、チーム全体にとっても大きなものだった。多くの選手がインタビューで、サポーターの献身的な態度に言及していた。選手たちはサポーターとの絆を実感し、サポーターがチームを支えてくれていることを本当に理解したのだ。

アーセナルは、最高のスタートを切ることに成功した。結果だけではなく、パフォーマンスも申し分のないものだった。特にプレーの強度は別格で、チームのレベルアップを感じさせた。ジンチェンコとサリバはビルドアップで存在感を放ち、ジェズスがゴール前で決定的な仕事をし続けていた。2021─22シーズンのアーセナルの悩みの種は得点力不足だった。オーバメヤンは不調であり、クリスマス以降はラカゼットがすべてを背負い、シーズン全体でラカゼットはオープンプレーから2ゴールしか決められなかったが、ジェズスは2試合目で昨シーズンのラカゼットの得点に並んだ。

アルテタのアーセナルは、久しぶりにボックス内で「相手を恐れさせるチーム」になっていた。ラカゼットは下がったポジションから起点になるプレーを得意としており、追い越してくるアタッカーを使うプレーに長けていたが、相手のセンターバックを困らせるポジションに侵入することは少なかった。アーセナルでの直近の20試合、ラカゼットのペナルティーエリア内でのタッチ数はわずか31回だった。それに比べると、2試合でペナルティーエリアで26回ボールにタッチしたジェズスのプレースタイルは、ラカゼットとは全く違っていた。アーセナルの攻撃をジェズスが牽引していた。彼はピッチ外でも、チームに欠かせない存在になっていた。アルテタは彼をリーダーシップグループの一員として指名し、ここにはジャカ、ホールディング、そしてラカゼットの後任としてキャプテンになったウーデゴールが含まれていた。クラブ関係者もジェズスの態度を絶賛していた。彼はブラジル出身選手と密接な絆を築き、夏に加入した若いマルキーニョスをサポートしていた。その一方でもちろん、ポルトガルを母語とする彼らもできる限りチームに馴染むために英語で喋るよう心掛けていた。ジェズスはまた「アーセナルはリーグを制する能力がある」と伝えてチームメイトを鼓舞した。

ボーンマスに3–0で勝利したことでアーセナルは勝ち点9を獲得し、首位に躍り出た。次の対戦相手のフラムには、ガブリエウのゴールで2–1で逆転。終盤でのゴールはアーセナルを歓喜させたが、それを好意的に受け入れなかった人もいた。「beIN SPORTS」のリチャード・キーズ[61]は、率直に意見を述べた。「冷静になるべきだ。シーズンは進行中だし、相手はフラムだ。喜ぶのは理解できるが、過剰だ。フラムを破っただけで、まだタイトルを勝ち取ったわけではない」

しかしこうしたコメントは、的外れだった。選手が先走って喜んでいたのではなく、活気づいたサポーターによる感情の発露だった。昨シーズンの終わり、アーセナルは悪い雰囲気だったが、アーセナルはその苦しみを力に変えていた。サリバがレスター戦でオウンゴールを決めてしまったときもサポーターは献身的にサポートしたが、フラムのアレクサンダー・ミトロビッチが先制点を決めた直

61 **リチャード・キーズ**
BBCやスカイスポーツなどでも解説を務めた経験のあるコメンテーター。サッカー解説者としては珍しく、プロサッカー選手出身ではない

後にもスタジアムのサポーターが立ち上がり、チームを応援した。

エミレーツでの試合も全く違うものになった。スタジアムの外はキックオフの3時間前から混雑しており、スタジアム内も違う雰囲気になっていた。ベンゲルとエメリのもと、アーセナルでは分裂と内部抗争が珍しいものではなかった。しかし、それも今では昔のことに感じられた。フラムに先制点を決められてもサポーターはブーイングせず、チームを応援し続けた。だからこそ、試合終了後に派手にその勝利を祝ったのだ。特別な雰囲気が漂っていたことは明らかで、アルテタも選手たちもそれを感じており、サカは、

「0–1で負けていても、サポーターは私たちを信じてくれていた。以前のエミレーツでは経験できなかったことだ。ファンは立ち上がってわれわれをサポートしてくれ、私たちは信頼し合っている。今は高いレベルでプレーできている」

とコメントした。

次戦でもアストン・ヴィラを2–1で破り、良い状態が続いていた。このヴィラとの試合は移籍期間が終了する24時間前に開催され、アーセナルは新たにMFの獲得に動いていた。

彼らのターゲットはドウグラス・ルイス（アストン・ヴィラ）であり、彼はエミ

レーツでもゴールを決めたことがある選手だ。このブラジル人MFにアーセナルは興味を示していたが、夏の獲得は予定されていなかった。しかし、エルネニーとパーティの怪我が重なり、アーセナルの上層部はルイスの獲得へと方向転換していた。

ヴィラの上層部との交渉は、エミレーツでの試合中も続いていた。翌朝には入札が行われたが拒否され、2度の追加入札が行われたが合意には至らなかった。アーセナルはルイスの獲得を諦め、チームの関係者は「ヴィラは譲らなかった」とコメントした。アーセナルがヴィラに提示した最高額は、2500万ポンドだった。アーセナルは彼の獲得を望んでいたが、契約期間が残り1年になっており、パーティとエルネニーの怪我がなければ獲得に動くことはなかった選手に、これ以上の金額は出せないと判断した。そしてパーティの回復も順調だったことから、アーセナルは追加の補強を見送った。それでも、全体的には納得のいく移籍期間だった。ジェズスとジンチェンコを加え、豊富な経験を持つレベルの高い選手が加わった。ヴィエイラとマルキーニョスにはポテンシャルがあり、サリバも新加入選手のごとく可能性を秘めていた。移籍市場が終わり、リーグに集中したチームは、マンチェスター・ユナイテッドとの対戦という大一番が待ち構えていた。

メンタル力が試されたマンチェスター・ユナイテッド戦

アルテタのチームはクラブ史上4度目のリーグ戦5連勝に成功し、首位のままオールド・トラッフォードへと向かった。完璧なスタートを切っても、多くの人々には疑念が残っており、序盤に対戦したチームは格下のチームだったから当然の結果だと指摘する人もいた。しかし、オールド・トラッフォードでのプレーがすべてを変えた。

チーム内には連勝によって自信が漲《みなぎ》っていた。そしてその勝ち方もチームに勢いを与えた。2回レスターに追いつかれても、直ちにゴールを決めた。フラム相手にも先制されたが、逆転勝利に成功した。アストン・ヴィラ戦も1－1だったが、マルティネッリのゴールで勝ち点3を獲得した。先制されたとしても逆転を狙えるチームになることは重要な目標だった。逆境に陥っても折れないマインドは、アーセナルに長く欠けていたものだった。

「現時点で、ゲームチェンジャーになっているのはメンタリティだ」とジャカは試合前にコメントした。アルテタは就任してからずっと負けに慣れてしまっていたチームのメンタリティを変えようとしてきた。ロンドン・コルニーの練習でも彼は勝つことを中心としたチームの文化を築いた。

アルテタはトレーニングで選手たちをチームに分け、あらゆることで競争させる。ミニゲーム、フルピッチでの紅白戦、ロンド（とりかご）、シュート練習――それが何であれ、すべての選手を競争させる。そして結果は表にまとめられ、選手たちは勝敗を意識している。

しかし残念ながら、アーセナルはオールド・トラッフォードで敗戦する。パフォーマンスは悪くなかったがユナイテッドの罠は巧妙で、カウンターを効果的に使われたことで1－3で敗れた。これはシーズン初めての敗戦となり、アルテタは苛立ちを隠せなかった。アーセナルはチームとして十分に戦える能力があったが、試合運びが未熟だった。ゲームの序盤は勢いがあり、マルティネッリが先制ゴールを決めたかと思われた。しかしVARの判定で、ウーデゴールのファールが認められたことでゴールは無効になった。ユナイテッドはその後、アントニーのゴールで先制。アーセナルは後半、サカがゴールを決めて追いついた。アーセナルの6連勝が期待されたが、2点目を取りたいアーセナルは攻撃に偏重し、バランスを崩す。守備が甘くなったところをマーカス・ラッシュフォードがカウンターで切り崩し、ユナイテッドが勝ち点3をキープした。

チームには失望感が漂っていたが、多くのポジティブな要素も存在していた。彼らはオールド・トラッフォードで、自分たちのスタイルを披露した。これまでアーセナルがマンチェスター・ユナイテッドの本拠地で何度も見せてきた悲惨なパフォーマンスとは違った。勝てたかもしれないと感じさせるパフォーマンスはチームの勢いを持続させ、ヨーロッパリーグのFCチューリッヒ戦では勝利した。その後、難敵ブレントフォードを3-0で破ると、シーズン初となる代表戦期間に突入。その時点でチームは首位であり、マンチェスター・シティとトッテナムとの差を1ポイントに保っていた。

ジャカとファンとの関係が改善

ブレントフォード戦は、シーズン序盤のポジティブな空気を象徴するものだった。アウェイに駆け付けたファンと選手たちが勝利を祝福するときに、グラニト・ジャカのチャントがスタジアムに響き渡った。数週間前のボーンマス戦でもチャントは歌われていたが、その日は異なっていた。ファンは何度も繰り返し、ジャカのチャントを歌ったのだ。ほとんどの選手にとって、サポーターにチャントを歌われることは新しいことではない。しかし、サポーターとの関係性という意味では、ジャカは特殊なケースだった。昨シーズンに過去の問題を修復する大きな一歩を踏み出していたが、ジャカの復活と成長は予測できないものだった。

「本当に、本当に、特別な日になった」とジャカは、アーセナルの公式Twitterアカウントで感動的なメッセージを発信した。アーセナルはこの6年間の中でも最も充実したメンバーになっていたため、多くの人はジャカがスタメンから外れるのではないかと考えていた。しかしジャカは、アルテタのチームで攻撃的なポジションに適応し、チームで絶対的な地位を築きつつあった。災難を引き起こすことしかしないと煙たがられていた選手が、気づけば不可欠な存在になっていたのだ。アルテタはそんな変化を喜んでいた。

「サポーターがジャカに向かってチャントを歌っているのを見ると、それがジャカに感動を与える。ジャカは今、サポーターの愛と尊敬を感じていると思うし、私もそれが嬉しい」

前シーズンに、トッテナムに敗れた失望は選手たちのやる気を駆り立てた。ラムズデールはチームの雰囲気を次のように語った。

「僕たちの心の中で炎が燃えている。シーズン前にチームに合流したとき、トレーニングのレベルが上がっていることを感じた。僕たちは互いに高いレベルを求め合っており、トレーニングでも負けたくないという選手はこれまでもいたけれど、今は全員がそんな感じだよ。強力なチームスピリットがチームに充満している」

アーセナルは代表戦期間の直後、トッテナムとリバプールとの大一番を控えていた。数か月前の苦い記憶を忘れるためには、ノース・ロンドン・ダービーの再戦はこれ以上ないチャンスだった。彼らは求められていた仕事を完遂し、3–1でトッテナムを圧倒した。前節に続いてジャカがゴールを決め、パーティとジェズスもゴールを決めた。そしてリバプール戦は打ち合いの末、3–2で難敵を撃破した。アーセナルがユルゲン・クロップのチームに勝ったのは2020年以来のことで、この勝利はアーセナルがかつてのような強さを取り戻しているということをライバルに知らしめた。リバプールはアーセナルに二度追いついたが、サカのPKで劇的なゲームが終わった。サポーターたちはかつてないほど多くの声援を送り、特に最後の数分間はエミレーツ史上でも最高の雰囲気だった。

「こんな光景は初めてだ。選手にとって、声援がどれだけ助けになるかは想像に難くない。これは私たちが成し遂げた中で、最も素晴らしいことの一つだ。アーセナルに関わるすべての人を結ぶためにわれわれは働いてきた」

とアルテタは取り組んできたことの成果をこのように試合後に認めていた。

2006年にハイベリーから移転して以来、エミレーツ・スタジアムの雰囲気に特別なものはなかった。もちろん、盛り上がる夜もあった。しかし、全体的にスタジアムは静かであり、ベンゲル体制の後期やエメリが監督をしていた頃は、どんよりとしたムードが漂っていた。しかし、その雰囲気は完全に変わった。新型コロナ後、スタジアムに集まるファンの年齢層は変わった。若いファンが増え、クラブはそのファンとの連携を強めたいと積極的にオープンな姿勢で関わり合っている。例えばAshburton Army（アッシュバートン・アーミー）は、大きな変化をチームに与えた。彼らはホームゲームの雰囲気を改善しようとしていた若いファンの数人が、パンデミック前に集まって生まれたグループだ。

Ashburton Armyはクラブと協議の後、最初はブロック25の後ろにスペースを与えられたが、2022−23シーズンには前列5列に移動し、エミレーツを取り巻く活気ある新しい雰囲気の担い手となった。

ヨーロッパのクラブで一般的な「ウルトラス文化」[62]に触発され、Ashburton Armyは全員が黒い服を着て、大声で歌いながらスタジアムまで練り歩く。彼らはクラブから独立した立場にあり、シーズン終了間際にチェルシーに抗議するデモを行った際には、彼らの言動が問題になったこともあった。しかし今や、彼らはホームゲームの雰囲気を熱狂的なものに変える集団になっていた。スタジアムの一端にAshburton Armyが位置し、また別の場所ではREDactionが引き続き活動し、エミレーツでのサッカー観戦は以前とは異なるものになった。

「このホームには、どこか刺々しい雰囲気が漂っていた。でも今は、ここに来る多くの人がサッカーへの愛を改めて見出しているんだ。サポーターの平均年齢が下がって、純粋に楽しんでいるね。心から共感できるホームグロウンの選手がいて、多くの素晴らしい選手たちが彼らを支えている。そして、多くのゲームに勝っている。こうしたことと、Ashburton Armyの発展は、サポーターに強力な連帯感

62 ウルトラス　非常に熱狂的なサッカーサポーターグループのこと。フラッグや国によっては発煙筒などを用いた見た目にも派手なパフォーマンスが特徴的で、このようなスタイルはイングランドよりもむしろ、発祥の地のイタリアを含む南欧や南米で人気がある

を与えている。アーセナルの観戦は楽しいものに戻り、チケットの争奪戦も盛り上がっている。過去数年、チケットを配るのに苦労していたのに今ではチケットが手に入りにくくなっている。人々はエミレーツに来て、ここで何が起こっているかを体験したいと感じている」

とREDactionのレイモンド・ハーリヒーは説明する。

アーセナルの成績を考えれば、チケットの需要が急増したことは驚きではなかった。アウェイのリーズ戦では、サカが前半にゴールを決めて勝利。開幕10試合での9勝は、驚くべきスタートダッシュだった。同じ日にマンチェスター・シティがリバプールに敗れたことで、首位のアーセナルは2位との差を4ポイントに広げていた。こうした記録的なスタートを支えたのは、若いチームの自信だった。アルテタのチームは誰も恐れておらず、まさに敵なし、という感じだった。対戦相手がどこでも、アーセナルは同じようにプレーしており、序盤から主導権を奪おうとしていた。開始早々のゴールも多く、ハイテンポのサッカーは相手チームを苦しめていた。相手チームは前線のスピードに対処しなければならず、そのプレッシングも苛烈だった。エランド・ロード[63]でサカが決めたゴールは、開幕10試

63 **エランド・ロード** リーズ・ユナイテッドの本拠地

合でアーセナルが決めた24ゴール目の得点だった。そして、そのうち9点を21歳以下の選手が奪っていた。若いチームは脆く、それが弱点になると予想されていた。しかし、実際はその若さこそがチームを牽引していたのであった。

チェルシー戦でオーバメヤンと「対戦」

サウサンプトン戦での1―1の引き分けやヨーロッパリーグでPSVに0―2で敗戦するなど、難しいゲームが続いたが、ノッティンガム・フォレスト戦では5―0と快勝し、チームは暗雲を吹き飛ばした。こうした状況でチェルシーとのゲームに臨むアーセナルには自信が溢れていた。

チェルシーはトーマス・トゥヘルからグレアム・ポッターへと監督が交代しており、不幸なシーズン序盤を送るはめになった。しかし、アーセナルにとってチェルシーとの試合は依然として〝難題〟だった。スタンフォード・ブリッジで3シーズン連続で勝つことができるのだろうか。彼らはトッテナムとリバプールをホームで破っていたが、ビッグ6に対する唯一の敗北はオールド・トラッフォードでの試合だった。だからこそアウェイゲームでの勝利は「プレミアリーグのタイトルを目指す」というメッセージになると考えられていた。

チェルシーにはオーバメヤンがおり、このこともアーセナルにとって厄介だった。彼はバルセロナでの期間を終え、プレミアリーグに戻っていた。チェルシー戦は彼がアーセナルを去って以来の対戦となった。試合前に彼との「再戦」が話題になっていた。BT Sport（現TNT Sports）のプロモーションビデオに出たオーバメヤンは「アーセナルとの間に、個人的な確執はない。私は戻ってきた。私は「ブルー」だ。準備は済んでいる。さあ、行こう」とコメントした。アルテタはメディアに騒ぐ材料を与えないよう、最善を尽くしたが、彼の放出についての議論が再燃した。しかし、アーセナルは絶好調であり、そのパフォーマンスも完璧に近かった。オーバメヤンを放出するということは大きな決定だったが、結果がアルテタの判断が正しかったことを証明していた。

エルネニーはスタンフォード・ブリッジでの試合に向け、次のように内部の状況を説明した。

「選手たちは怯えていた。以前、ミケルがキャプテン（オーバメヤン）に厳正な処置をしたことで、キャプテンであるなしにかかわらず、ミケルは躊躇せずに処分を下すのだと感じた。オーバメヤンの事件を思い出すと、誰かが小さなミスをしてしまえば、同じような問題が起こることは想像できる。もちろん、同じような問題が起こることを誰も望んでいない」

アーセナルのスカッドはベストな状態にあった。有名な選手たちが中心になるわけではなく、チーム全体が協力していた。それはエルネニーの次の言葉からも伝わってくる。

「今のロッカールームの雰囲気を誇りに思っているよ。互いを愛し、助け合っている。そういう雰囲気が僕たちのスカッドを強力にしている。エゴなどそこにはないんだ」

チェルシー戦の後もアーセナルは勝ち点3を順調に積み上げていった。

オーバメヤンのこの試合でのパフォーマンスは残念なもので、彼がプロモーションビデオで語った内容は、裏目に出ることとなった。ゲームは完全にアーセナルが支配し、ジェズスが後半に得点を決めて1―0で勝利した。マンチェスター・シティがフラムに勝利し、一時的にアーセナルは首位から転落したが、そのプレッシャーを感じてはいなかった。

「素晴らしいプレーだった」とアルテタは、試合後にチームを称賛した。特にサリバは完璧だった。サリバは対峙したオーバメヤンを完全に封じ、彼にたった8回しかボールを触らせなかった。サリバとガブリエウがシーズン開始から構築していた守備は、アーセナルの基盤になっていた。最初はプレミアリーグへの適応が可能かを不安視されていたサリバだったが、その不安はすでに消えていた。彼は開幕戦でのパフォーマンスで多くのサポーターに認められ、そのまま着実に成長を続けていた。彼とガブリエウの両者ともこれまで13試合すべてに先発しており、アーセナルが首位を走る礎となっていた。

「この2人のセンターバックは絆で結びついており、よい化学反応も起こしている。彼らは互いの能力で、互いをより良くプレーさせている。そして、パフォーマンスも安定している。ウィリアム（サリバ）がピッチで披露している落ち着きとリーダーシップは、素晴らしいものだ。そして、彼はそれをごく自然に行っている。静かな印象を与えているが、自信を持ってプレーしている」

とアルテタは述べた。

カタールワールドカップの中断期間前の11月に入り、残るはリーグ戦1試合となっていた。モリニュー・スタジアム[64]での勝利は、ワールドカップが終了した後に迎えるクリスマス後の首位を「保証」するものだった。ウルブス戦の前にはカラバオ・カップでブライトンに敗れたものの、それほどの悲しみはなかった。リーグが優先事項となっていたが、状態の良い試合ほど先発メンバーに依存しており、敗北はスカッドの厚み不足という不安要素を浮き彫りにしていた。アルテタはジンチェンコが1か月以上離脱するなど、いくつかの負傷に対処しなくてはならなかったが、それはあまり大きな問題にはならなかった。ただし、ブライトン戦やヨーロッパリーグのグループステージでスタメンを大きく変更したとき、パフォーマンスは著しく低下していた。アーセナルはヨーロッパリーグでもグループを首位で通過し、PSV戦での敗戦を除いてほどほどの成績を収めていた。しかし、いくつかのパフォーマンスは納得のいくものではなかった。

夏に加入したヴィエイラは、調子を崩していた。ロコンガ、ホールディング、セドリック、エルネニー、マルキーニョスのような控え選手は、スタメンの水準には遠く及ばなかった。ヴィエイラは、面白い特徴を持った選手だった。アーセナルはポルトから高額の移籍金で彼を獲得したが、いくつかの光るプレー（特にブレントフォード戦でのゴール）を除けば、彼はあまりチームに影響を与えられていな

64 **モリニュー・スタジアム**
ウルヴァーハンプトンにあるウルブスの本拠地

かった。プレミアリーグでプレーするには彼の華奢な体格が疑問視されており、プレミアリーグの肉弾戦に耐えられるのかと不安に思う人も多かった。技術的には優れており、スペースと時間が与えられれば差を作れていたが、試合をコントロールすることはできていなかった。アルテタは「すべての新しい選手は、適応するための時間が必要だ。心配はしていない」とヴィエイラを擁護していた。

このアルテタのヴィエイラ擁護は、絶妙なタイミングだった。彼はワールドカップ前のウルブス戦で、2-0での勝利に貢献したのだ。体調不良のジャカに代わってベンチから出場したヴィエイラは、後半にウーデゴールのゴールをお膳立てし、しっかりと勝利を収めた。これはアーセナルにとって、重要な勝利だった。選手たちはその日、先にマンチェスター・シティがブレントフォードに敗戦し、勝利すればシティに5ポイントもリードできることを知っていた。彼らはプレッシャーに屈することなく、しっかりとゲームを終えた。これは充実したシーズンの前半戦を締めくくる勝利だった。リーグ戦14試合で12勝1敗となり、引き分けは一つだった。彼らはマンチェスター・シティに5ポイント差をつけ、トッテナムからは8ポイント、ユナイテッドからは14ポイント、リバプールとの差は15ポイントとなっていた。

「今、私たちがいる場所（順位）を誰も予想していなかった。私たちはこの瞬間を楽しんでいる」とアルテタは述べた。

ワールドカップによる中断期間は、アーセナルにとってはストレスが溜まるものだった。当然ながら、彼らは築き上げてきた勢いをこのまま維持したいと思っていた。アルテタはカタールワールドカップでプレーしない選手たちには休息を与え、ドバイでのトレーニングキャンプを行った。このトレーニングキャンプは、アルテタにチームの現状を確認する時間を与えた。そしてキャンプではリヨンとACミランとのトレーニングマッチも開催された。

エドゥがもたらした成果

トレーニングキャンプの直前に、2019年からテクニカルディレクターを務めていたエドゥがスポーティングディレクターに昇進することが発表された。エドゥの昇進は計画されていたものだった。ヨーロッパの強豪クラブが徐々に彼への関心を強めていることをアーセナルは認識しており、彼が数年間でエミレーツ・スタジアムに築いてきた安定性が揺らぐことがないように、彼をチームに残そうという意図によるものだった。

2019年にエドゥがアーセナルに戻ってきたとき、誰も彼がアーセナルでどのような仕事をするのかを予測できていなかった。彼はブラジル代表で評価されていたが、それとは全く違う仕事をアーセナルでは与えられた。クラブにとっては「賭け」だったが、オーナーや上層部はそれが実を結んだと感じていた。そして、その結果として彼は昇進することになった。エドゥは情に流されることがなく、それこそがアーセナルが求めていたものだった。大物選手の契約解消も厭《いと》わない彼の姿勢は、ファンの間で評価が分かれていた。エドゥはパフォーマンスが低い選手を容赦なく放出し、その代わりに若くてハングリーな選手を獲得するための財政的な余裕を確保することに成功した。プレシーズン中、エドゥは次のようなことを話していた。

「26歳以上で高額な給料を貰っていて、パフォーマンスが低い選手はチームにとって害になる。ロンドンという都市、アーセナルというチーム。最高の環境で高額の給料が支払われる。それに値する選手は実際、どれほどいただろうか？　チームの80％が満足してしまっていた。こうした問題を1年間もロッカールームで抱えるべきではない。他の選手にとって妨げとなっている選手はお金を払ってでも放出しなければならない」

エドゥのアプローチは厳しく、そうしたやり方には批判もあった。しかし、チームは彼のこうした手腕によって着実に改善していったのだ。

新生アカデミーの礎となる、メルテザッカーとウィルシャー

エドゥとアルテタは2019年から、アーセナルで強固な関係を築いてきた。彼らはアーセナルでの新しいスタイルを構築し、チームの再編成を進めてきた。重要なのは、両者がクラブの目指すべき姿について同じビジョンを共有していたことだ。マネージャーとスポーティングディレクターがそれぞれ違う考えを持っていた場合、ときには摩擦が生じてしまう。

しかし、アーセナルではそういった摩擦が生じることはない。アルテタ、エドゥ、そしてアカデミーマネージャーとしてユースを統括していたメルテザッカー

は、クラブに一体感をもたらしていた。ジャック・ウィルシャーが新たにU−18コーチに任命されたことは、その一体感を象徴するものだった。ウィルシャーはトップチームでトレーニングを行い、アカデミーのサポートをしながらコーチングライセンスを取得するため、アーセナルに帯同していた。アーセナルのU−18チームでコーチを務めていたダン・ミチケ[65]がクローリー・タウンに移籍する際、ウィルシャーは後任候補となった。アルテタはその採用プロセスに関与し、エドゥとメルテザッカーと一緒に候補者と面談をし、ウィルシャーにその職を与えることを決定した。経験は十分であるとはいえず、役割に慣れるためにサポートが必要だというリスクはあったが、彼ら全員が「クラブにウィルシャーを呼び戻すこと」は正しい決定だと感じていた。ウィルシャーはアーセナルで育っており、それこそがアーセナルにとって最も重要だった。ユースからトップチームまで、一体化した組織づくりができていることがアーセナルの強みであり、同じ価値観を持つ3人が責任者としてそれぞれの立場でチームを管理している。特にアルテタとメルテザッカーは旧知の仲だ。2人は2011年、移籍期間の最終日にアーセナルと契約し、5年間チームメイトとしてプレーした。アルテタがキャプテンの期間にメルテザッカーは副キャプテンを任されていた。そしてアルテタが2016年に

65 **ダン・ミチケ** トッテナムのユースコーチとしてキャリアを始め、MKドンズの監督を務めたのちにアーセナルのユース監督に就任した。現在はエヴァートンのトップチームでコーチを務めている

チームを離れたとき、メルテザッカーがチームのキャプテンを引き継いだ。アルテタは引退するとき、最高経営責任者だったイヴァン・ガジディスに手紙を送り、クラブに「メルテザッカーを残すように」と要望した。そしてベンゲルが去ったとき、メルテザッカーはアルテタが後任に相応しいと主張していた。この訴えは残念ながら却下されてエメリが監督に就任したが、彼らはこのような関係性を長い間築いてきた。２０１９年、アルテタが監督に就任したことでメルテザッカーの悲願は叶った。そして2人はエドゥと一緒に、クラブを一体化させることに重点を置きながらアーセナルの再建に向けて邁進し続けてきたのだった。

アルテタは、アカデミーや若手の成長をチームの「核」だと考えている。だからこそ、彼はウィルシャーをU－18コーチに任命した。トップチームに昇格するルートをきちんと確保しておくということは、アーセナルというクラブにとって重視すべきことで、プレーモデル[66]の確立がそのプロセスを可能にする。アルテタはラ・マシアで育ち、その意味を理解していた。ＦＣバルセロナは若い才能を下部組織から輩出し、彼らがトップチームで活躍してきた。アーセナルもそのように若手をチームの主軸にしたいと考えており、ウィルシャーを含めたユースコーチはトップチームのプレーモデルに合う選手を育てることを求められている。ウィ

66 **プレーモデル**　個別の場面での判断とは別に、それぞれのチームが設定する、より抽象的なレベルでのプレーの原則や方針

ルシャーはアルテタという人間、そして彼の働きぶりに、感銘を受けている。クラブに復帰してからアルテタと一緒に過ごしてきたウィルシャーは、アルテタの影響を受けてプレーヤーから素晴らしい指導者になった。

「ミケルと一緒に過ごし、彼が指導している光景を眺めていたら、自分も指導者ライセンスを取得したいと思わずにはいられなくなった。彼の指導法と、その情熱によるものであろう。彼がチームを鍛える様子は、とても刺激的だった。私は、それが大好きだ。試合の前日にグラウンドを訪れ、チームとミケルがどのようにトレーニングするのかをよく見るようにしている。そこには多くの学びが得られるすばらしい空間が広がっている。私は彼のサッカー観が好きだ。そして、チームのプレースタイルも愛すべきものだ」

ワールドカップの期間に行われたドバイでのトレーニングキャンプには、ウィルシャーのチームからも数人の選手がキャンプに参加した。アマリオ・コジエ・デュベリー、マイルズ・ルイス＝スケリー、リノ・ソウザ、イーサン・ヌワネリ[67]などの才能ある若手が、良い印象を残すチャンスを与えられたのだ。

67 **イーサン・ヌワネリ** 2022-2023シーズンに15歳181日でプレミアリーグデビューを果たし、それぞれハーヴィー・エリオットとセスク・ファブレガスが保持していたプレミアリーグとアーセナルの最年少出場記録を塗り替えた

ベンゲルがエミレーツにやってきた

アーセナルがドバイをキャンプ地に選んだ理由の一つは、そこがカタールに近く、プレミアリーグ再開に向けて、ワールドカップで敗退した選手を素早く合流させることができるというものだった。

キャンプ中に行った試合では、リヨンとACミランに勝利したが、ブラジル代表でプレーしていたジェズスの怪我はチームにとって痛手となった。ジェズスはワールドカップの残った試合を欠場し、膝の追加検査をするためにイングランドに戻ることになった。手術が必要だという事実が判明し、結局、3か月の離脱が必要となった。ワールドカップ前のジェズスの活躍を知るファンは、ジェズスが離脱することでクラブが優勝するチャンスを失ってしまったと考えた。

スカッドで唯一バックアップを務められるのが、エディ・エンケティアだった。彼は前シーズンの終盤にチームを救っていたが、多くの人々はジェズスの穴は埋められないと思っていた。ワールドカップが終わり、ジェズスを除く選手たちはチームに合流していた。ボクシングデーに開催されたウェストハムとのゲームでは、ワールドカップに出場した多くの選手が先発メンバーに戻った。試合前、中断前のパフォーマンスと同じレベルに戻れるのか？　ジェズス不在の影響は？　勢いを取り戻せるのか？　……などの質問をメディアは投げかけた。

これらの質問に対し、アーセナルは「結果」という形で答えた。前半を0―1でリードされていたアルテタのチームは、後半にベストのパフォーマンスを披露した。サカが同点に追いつくと、マルティネッリが2点目を追加し、エンケティアが低いシュートを突き刺す。彼らは3―1で、勝利を飾った。それは中断期間を感じさせず、ベンゲルが2018年以来、初めてスタジアムに戻ってきた特別な日に相応しいパフォーマンスだった。

ベンゲルがスタジアムを訪れていることは、公にされていなかった。キックオフ直前にわれわれはメディアルームでその情報を得たが、事前に情報を開示しない方向で合意していた。「Sky Sports」のカメラが早々にベンゲルを捉えたので、家で試合を観戦していた人たちは、ベンゲルがディレクターズボックスに座っていることを知った。マルティネッリのゴールが決まったときにスタジアム内の大きなスクリーンにベンゲルの姿が映し出された。現地のファンはベンゲルがいることにその時初めて気づき、大きな喝采がスタジアムを包んだ。ベンゲルが帰還したこの日に向けてアルテタはありとあらゆる努力を重ねてきた。選手、スタッフ、そしてファンなどと多くの「橋」を架ける必要があり、数か月の間、その「橋」を架けることを進めてきた。

アーセナルは2022年をブライトン戦の勝利で終えた。エンケティアが再びゴールを決め、4-2でジェズスの不在を乗り越えた。ウーデゴールは好調を保っており、マルティネッリのゴールをお膳立てしたプレーは完璧だった。ブライトン戦での勝利によって、アーセナルは7ポイントのリードで首位をキープしたまま、2023年を迎えることになった。

トロサールの獲得、若手選手たちが感じる手応え

アーセナルはシャフタール・ドネツクのウインガー、ミハイロ・ムドリクに対して5500万ポンドの入札を拒否されたまま、1月の移籍期間に突入した。ジェズスの負傷もあり、アーセナルは攻撃陣に新しいオプションを追加したいと考えていた。この若きウクライナ人アタッカーは21歳とアーセナルが求める年齢にマッ

チしており、複数のポジションでもプレーできる選手だ。ムドリク本人もソーシャルメディアでアーセナルを望んでいることをアピールしていたため、ムドリクの獲得には期待感があった。ニューカッスルとの試合の直前にもアーセナルはムドリクに対して再度オファーを提示したが、シャフタールはそれを却下した。

ウクライナの情報源は、８８００万ポンド未満でのムドリクの売却はないだろうと断言していた。これはアーセナルが提示した金額を、大幅に上回っていた。一方でアーセナルは、チェルシーがアーセナルの出方をうかがっているのがわかっている状態で過剰に支払うことは避けたいと考えていた。契約がほぼ成立すると予想されていた矢先、急にチェルシーが動いた。彼らはシャフタールが求めていた金額を提示し、ムドリクは最終的にスタンフォード・ブリッジに移籍した。この一連の出来事はアーセナルにとって受け入れがたく、ファンは補強選手を失うことに狼狽していた。しかし、アルテタはこの敗北に対して哲学的な捉え方をした。「私たちは、チームを強化したい。『私たち』とはコーチングスタッフ、チームスタッフ、選手、上層部、そしてオーナーのことだ。私たちは皆、一丸となっている。私たちはクラブにとって適切な取引を行う」

アルテタだけではなく、エドゥ、リチャード・ガーリック、そして上層部はターゲットを逃しても冷静に計画に沿った行動をとっていた。彼らはリサンドロ・マルティネスを逃したときに次のターゲットをジンチェンコにスムーズに移行したように、今回はブライトンのレアンドロ・トロサールをバックアップとして用意していた。ベルギー代表としても活躍するアタッカーの獲得は、2500万ポンドで迅速に決定した。それはタイトルを狙うクラブにとって、賢明なビジネスだった。トロサールは28歳とアーセナルが狙う年齢層よりも上だが、プレミアリーグでの実績もあり、スムーズな適応も期待できた。

「彼はチームに直ちに影響を与えるだろう。私たちはすぐさま結果に結びつく手立てを考えなくてはならないが、中長期的な視点でも考えなければならない。彼はそうしたプランに適合し、大きな力をチームに与えると思う」

とアルテタはコメントした。アーセナルはトロサールが合流する数日前に、トッテナムに対して2-0で勝利を収めた。2013-14シーズン以来、トッテナムのホームで3ポイントを獲得したのは初めてのことだった。この勝利によって2位とは8ポイント差で首位をキープし、マンチェスター・ユナイテッドとのホームゲームを万全の状態で迎えた。

マンチェスター・ユナイテッドはそのシーズンのリーグ戦で、アーセナルにとって唯一となる敗戦を喫した相手だった。アーセナルはその敗北を払拭しようと決意し、3−2でスリリングな試合を勝ち切った。エンケティアが2ゴールを決め、そのうちの1ゴールは決勝点だった。トロサールはデビュー戦でベンチから出場すると、エンケティアのゴールを見事にアシストした。「最高だ。これに勝るものはない」とアルテタもチームを褒め称えた。この勝利でシーズン16勝、シーズン半ばの時点で勝ち点50に到達した。これはアーセナルが以前に達成したことのない偉業であり、2003−04シーズンに無敗優勝したチームでさえ、最初の19試合で勝ち点45だった。アルテタが率いる若いチームは、そのレベルに達しようとしていた。

私はユナイテッド戦の直後、冨安にインタビューする機会があり、わずか1年でアーセナルが劇的に改善した要因について尋ねた。私の質問に対し、冨安はこう答えた。

「私たちは以前よりもミケルのサッカーを理解している。スカッドは厚くなり、新しい選手も加わったが、大きく変化したのは理解が深まったことだ。前シーズンもミケルのサッカーを理解はしていたが、それを表現できていなかった。今シーズンは理解するだけではなく、ミケルの求めるサッカーを実現できるようになった。そこが最も大きな違いだ。ミケルはサッカーについて深く理解しており、サッカーの構造を知り尽くしている。私たちの仕事は、ミケルからの指示をピッチ上で表現するだけだ。私はミケルを信じており、彼は素晴らしい。私が今まで一緒に仕事をした中で、最高の監督だ」

辛酸を舐めたシティ戦とブレントフォード戦

ワールドカップを終えた後のアーセナルはニューカッスル戦のスコアレスドローを除き、完璧な復帰を果たしていた。しかし、難関が待ち構えていた。月の初めにFAカップの3回戦でオックスフォード・ユナイテッドを破ったが、4回戦でマンチェスター・シティと対峙することになった。プレミアリーグで首位と2位につけているチーム同士の対戦ということもあり、多くの人々がこの対戦に関心を寄せていた。シティが1―0で勝利し、アーセナルは不運にもFAカップから敗退することになる。アーセナルはトロサールが印象的な活躍をみせ、前半は優勢にゲームを進めた。しかし、ナタン・アケが後半にゴールを決め、アーセナルは敗戦を喫した。アーセナルにとっては失望すべき結果だったが、そのパフォーマンスから多くのことを学ぶことができた。

リーグでのシティ戦の前に、アーセナルはエヴァートンとのアウェイゲームを戦い、また、ブレントフォードをホームに迎えた。そのグディソン・パークに向けての出発直前に、チェルシーからジョルジーニョを獲得した。アーセナルは移籍期間の最終日にブライトンからモイセス・カイセドの獲得を目指しており、このエクアドル代表MFに対して7000万ポンドの大型オファーが提示された。しかし、ブライトンはカイセドの売却を拒否したので、アーセナルはエルネニーの負傷に対応するためにジョルジーニョの獲得交渉を迅速に完了した。このジョルジーニョの獲得は注目を集める補強ではなかったが、賢い選択であった。アルテタはイタリア代表のプレーメーカーを好んでおり、過去にも彼を獲得しようとしていたことがあった。ジョルジーニョの獲得によって、シーズン後半に若いチームには経験豊富なリーダーが加わることになった。

「彼は知性、リーダーシップ、そしてプレミアリーグでの経験と国際経験も豊富な中盤の選手だ。彼はキャリアで成功を収めてきたが、アーセナルでの成功と貢献にも飢えている」

とアルテタは、その補強についてコメントした。しかし、ジョルジーニョのアーセナルデビュー戦は計画通りにはいかなかった。エヴァートン戦でベンチに座っていた彼は、後半に出場機会を与えられる。数分後、ジェームズ・ターコウスキがコーナーキックからヘディングシュートを決め、アーセナルは0－1の敗戦を喫した。それは9月、オールド・トラッフォードでの敗戦以来となるリーグ戦で負けを喫した試合だった。そして、ブレントフォードとのホーム戦は1－1の引き分けに終わる。このブレントフォード戦は接戦のゲームで、アーセナルはトロサールが後半に決めたゴールで逃げ切るかと思われたが、その直後にイヴァン・トニーがヘディングでゴールし、当初はオフサイドが疑われたが、長いVARチェックの後、ゴールが認められることになった。しかし、後にビデオアシスタントレフェリーのリー・メイソンがトニーのゴール直前で、クリスティアン・ノアゴールがオフサイドだったかどうかをチェックするために線を引くのを忘れていたことが判明した。もし彼が正確に判定していたらゴールは取り消されていた可能性が高く、スコアは1－0だったはずだ。アーセナルは当然、この判定に激怒した。審判の責任者を務めるハワード・ウェブはクラブに謝罪したが、それでもアルテタの気分は収まることはなかった。

「リーグが勝ち点2を返してくれるのであれば満足だが、そんなことが行われることはない。これは人為的なエラーではなく、根本的なミスだ。そういったミスは許されるものではない。もちろん、誰にだって失敗することはある。しかし、これは別の問題だ。私もクラブも今回の件を受け入れることはできない」

アーセナルの怒りは理解できるものだった。もしマンチェスター・シティとのタイトル争いでそのようなことが起きたとすれば、ミスは決して許されないものとなる。重大な手違いによって2ポイントを失うことは受け入れがたいものだった。2ポイントを失ったアーセナルは3連勝から遠ざかり、いよいよマンチェスター・シティとの対戦を迎えることになった。

マンチェスター・シティとの首位攻防戦

マンチェスター・シティとの試合はおそらく、私がエミレーツ・スタジアムで観戦した中で最も重要な試合の一つとなった。アーセナルは2位と3ポイント差をつけて首位を保ち、優勝を手中に収めるチャンスだった。アルテタのチームはシーズンで多くの障害を突破してきており、残すはマンチェスター・シティに勝つということだけだった。すでにカップ戦で敗れ、過去10回のリーグ戦でも26失点を喫していた。パーティの負傷欠場でジョルジーニョが中盤で先発し、前半のアーセナルを支えた。冨安のミスからデ・ブライネに先制ゴールを決められたが、サカのPKで同点に追いつくことに成功した。勢いはアーセナルにあったが、グアルディオラによる戦術的な変更によってシティは次第にアーセナルを圧倒するようになり、ジャック・グリーリッシュのゴールでリードを取り戻すと、アーリング・ハーランドのゴールで試合を決めた。これはアーセナルにとって致命的な敗北となった。11月以来、初めてシティが首位に立ったのだ。アーセナルは未消化試合を一つ残していたが、お祝いムードは完全に消えてしまっていた。

アルテタは、選手を奮起させようと「まだまだ先は長い」とコメントした。しかしアーセナルは4試合も勝利から遠ざかっていた。勢いは停滞し、アストン・ヴィラとレスター・シティとのアウェイ連戦が控えていた。そんな状況であったので、楽観的でいることは難しかった。だがアルテタの最大の強みの一つは、強い信念にある。選手たちを鼓舞するために、選手たちに自分のサッカーを信じるように促し続けた。

プロテニスプレーヤーのラファエル・ナダルはアルテタがサッカー以外で最も尊敬する選手だ。ナダルの決して諦めない姿勢が好きなのだ。ナダルは輝かしいキャリアの中で、何度も不可能だと思われる状況から逆転勝利を収めてきた。アルテタはサッカーの道を選んだが、子どものころにはテニスのプロになりたいと考えたこともあった。アルテタはインスピレーションを得るために、ラグビーやNBA、NFLなどのスポーツのコーチとも話をするようにしている。元イングランド代表監督のエディ・ジョーンズや、グリーンベイ・パッカーズのマット・ラフルール、ミルウォーキー・バックスのマイク・ダンラップ、NBAのレジェンドであるジョージ・カールなどの指導者だ。彼らとは定期的にZoomで集まり、指導方法のレベルアップについて議論を重ねている。特にエディ・ジョーンズとはアルテタがジョーンズのトレーニングを見学したときから、親密な関係を築いてきた。ジョーンズのようなトップレベルのコーチたちと自らのサッカーの経験を共有することで、アルテタはコーチとして成長し、問題を改善するために彼らの経験を活用している。

彼はシティに敗れた後、週末にヴィラと対戦するために、これまでの経験をすべて活かして選手たちを奮起させなければならなかった。しかし、トレーニンググラウンドで、チームを鼓舞する時間はなかった。水曜日の夜にシティ戦を終え、ヴィラ・パークでの試合は土曜日の昼間に予定されており、刻一刻と、時が迫っていた。アーセナルがタイトルレースに残るためには、迅速に立ち直らなければならなかった。

そんな中で迎えたアストン・ヴィラ戦をアーセナルは4–2で勝利し、その強靭な回復力を示した。ハーフタイムまでに1–2とリードされていたが、ジンチェンコのゴールで追いつくと、終盤の90分にジョルジーニョのシュートがクロスバーに直撃し、エミ・マルティネスの後頭部に跳ね返ってゴールとなり、その数分後にはマルティネッリがカウンターから4点目を決め、アウェイファンは爆発的にその勝利を祝った。アーセナルの選手たちはアウェイに駆け付けてくれたサポーターと喜びを共有し、彼らは信念を取り戻していた。それから数時間後にはシティがノッティンガム・フォレスト戦で躓《つまず》いてしまったことで、アーセナルは再び首位に返り咲いた。

アーセナルは続くレスター戦、エヴァートン戦でも勝利を収めた。そして3月初めには、ホームでのボーンマス戦があった。アーセナルはここまで勝利を積み重ねてきたが、ボーンマスとの試合は10秒以内に失点をし、苦しいゲーム内容だった。フィリップ・ビリングがプレミアリーグ史上2番目に早い時間のゴールで先制したのだ。

アルテタのチームは、もはや絶体絶命の状況に陥っているように見えた。しかし、彼らはシーズン中に何度も経験したように反撃に出た。パーティがゴールを決め、ホワイトが同点ゴールを沈めた。残り20分で、アーセナルの決勝点は近いように思われた。しかしアーセナルのプレッシャーを浴びながらもボーンマスは必死に耐えた。最終的にはアディショナルタイム、ギリギリでコーナーキックのクリアボールがリース・ネルソンのところに落ちてきた。交代で入ったネルソンはボールを完璧にコントロールし、左足のハーフボレーで美しいゴールを決めた。

スタジアムは、熱狂に包まれた。

「自然に足が動いた。どこに向かって走っているのかわからなかったけれど、走った」

とアルテタは、後にコメントした。スタジアムにいた6万人が、ネルソンのゴールが何を意味するゴールだったのかを遅れて理解することになった。


2006年にエミレーツに移転して以来、私やファンは記憶に残るいくつもの瞬間を見届けてきた。ティエリ・アンリのリーズ戦での復帰、アンドレイ・アルシャヴィンによるバルセロナを破るゴール、ダニー・ウェルベックがレスター戦で決めたヘディングシュート……。しかし、このネルソンのシュートは格別で、あそこまでスタジアムが沸いたのは初めてだった。

「最も感情を揺さぶった瞬間だった。私たちがここまで一緒に歩んできた旅を経てやっとサポーターとチームが一丸になったということが、その瞬間に証明されたのだ。それは本当に特別な瞬間だった。この時を存分に楽しまなければならない。こんなことは滅多に経験できないことだ」

とアルテタはその時の気持ちをこう述べた。ネルソンがゴールを決めたときの光景は、当日エミレーツにいた全員の記憶に永遠に残るだろう。それは本当に息を呑むような瞬間であり、絶望が喜びに変わった。

サリバと冨安の怪我が一変させた、シーズンの行方

ボーンマス戦での劇的な勝利を終えたタイミングで、ヨーロッパリーグが再開された。アーセナルはベスト16の第1戦、スポルティングと対戦をするためにリスボンを訪れた。2‐2の引き分けは、アウェイとしては及第点の結果だった。その前にアルテタのチームはフラムとのアウェイゲームに3‐0で勝利し、その試合の後半にはジェズスが復帰していた。彼が怪我をしたとき、もはやタイトルは絶望的であるとみられていた。しかし、ジェズスがワールドカップに出場したときに5ポイント差で首位に立っていたのと同じように、ジェズス復帰のタイミングでも5ポイント差で首位を保っていた。ジェズス不在の期間に、誰もが成長していた。エンケティアは優れた仕事をこなし続け、重要なゴールを決めてきた。

サカ、マルティネッリ、ウーデゴールも、チームを背負ってきた。

アルテタはヨーロッパリーグのスポルティングとのセカンドレグでジェズスを先発に選んだ。彼は前半45分までプレーし、アーセナルは前半の時点で1点をリードしていた。この試合ではジェズスの復帰だけがポジティブな要素で、ペドロ・ゴンサウヴェスに鮮烈な同点ゴールを決められ、その後のPK戦でアーセナルは敗退することになる。

ヨーロッパリーグからの敗退は、そこまで悪いことではなかった。その敗退よりも問題になったのは、サリバと冨安が怪我で離脱してしまったことだった。特にサリバは替えの利かない選手になっており、負傷前はすべてのリーグ戦で先発してきた。ガブリエウとのコンビネーションで守備を安定させてきた彼を失うことは、チームにとって大打撃だった。そして同時に冨安を失ったことで、状況はさらに複雑なものになった。もし冨安が起用可能であれば、彼を右サイドバックに起用し、ホワイトをセンターバックにするオプションがあったはずだ。だがその選択肢も、冨安の負傷で失われた。代わりにロブ・ホールディングがセンターバックに入り、シーズン後半にはクリスタル・パレスとリーズに連勝した。しかし、その後のリバプール戦が「大きなテスト」となった。残すところ9試合で5ポイント差で首位に立っていた。2月にマンチェスター・シティに負けた後、アーセナルはリーグ戦で7連勝していた。彼らがリバプールを倒せれば、優勝への大きなステップになるはずだ。しかし、アンフィールドはアーセナルにとっての「鬼門」である。2012年に2–0で勝利して以来、9試合でたった2ポイントしか獲得しておらず、その期間に32ゴールを失っていた。

「私たちはこれまでのことを受け入れながらも、挑戦する必要がある。チームは熱意とポジティブなエネルギーに満ちているが、容易にはいかないだろう。アンフィールドで、何年も成し遂げていないことに挑まなければならない」

リバプールはその年、最高のシーズンを送ることには失敗していたが、チャンピオンズリーグへの出場を狙っていた。前半の40分間でアーセナルは主導権を奪い、2–0でリードしていた。しかしハーフタイムの直前にモハメド・サラーが1点を返すと、アンフィールドはサポーターたちの熱狂的な声援に満ち溢れるようになった。耐える時間が続いたアーセナルは残り3分で決壊し、ロベルト・フィルミーノが同点ゴールでアンフィールドの熱狂を爆発させた。アーセナルにとって、負けていても不思議ではないゲームだった。後半開始の直後にサラーがPKを外しており、何度かラムズデールがビッグセーブで窮地を救っていた。少なくともロンドンに1ポイントを持ち帰れたのは、不幸中の幸いだった。しかし、アーセナルは勝つべきゲームを落としたように感じていた。2点のリードを奪いながら同点にされてしまった展開は、引き分けではなく敗北のようなものだった。

しかし、1週間後のゲームはそれよりも壊滅的だった。アルテタのチームはウェストハムとアウェイゲームを戦う必要があり、ここでの取りこぼしは禁物だった。シーズンを決める天王山となるマンチェスター・シティとのゲームは10日後に迫っていたが、その前にウェストハムとサウサンプトンとの試合が残っていた。これらの試合で6ポイントが必要であった。

東ロンドン（オリンピックスタジアム）でも序盤は順調だった。前半に2点のリードを奪い、後はゲームを終わらせるだけだった。しかしハーフタイムの直前に集中力を欠き、それが仇《あだ》となった。パーティの緩慢なプレーによってウェストハムにボールを奪われ、ガブリエウの無謀なチャレンジでＰＫを与えてしまったのだ。サイード・ベンラーマがＰＫを確実に決め、2–1という展開になった。アーセナルはリバプール戦と同じ展開に陥り、2週連続でプレッシャーを感じていた。彼らは後半開始直後、ＰＫで2点のリードを取り戻すチャンスを与えられた。しかしサカがPKを外し、完全にゲームの流れはウェストハムに傾いていた。ジャロッド・ボーウェンが同点ゴールを奪い、アーセナルは再び勝ち点3を逃してしまった。

プレミアリーグにおいて2試合連続で引き分けたとしても、それは最悪なことではない。しかしタイトルが掛かっている最中、それもマンチェスター・シティ戦の直前で起こったことは「災害」だった。突然アーセナルが「失敗した」という声が増えるようになり、それは理解できることだった。しかし、アンフィールドとロンドン・スタジアムでもアーセナルは悪くないスタートダッシュをみせており、2点のリードを奪っていた。アルテタのチームはシーズン中、同じようなプレースタイルを継続していた。唯一の違いは、彼らが集中力を欠いたことだった。彼らは3点目を決めてゲームを終わらせるのではなく、力を抜いてしまったのだ。失点は「高慢さ」の大きな代償だった。これらの引き分けで、エミレーツで最下位のサウサンプトンと対戦するとき、もはや失敗の余地は失われていた。数日後のエティハド・スタジアムでのゲームを考えると、チームには勢いが必要だった。勝たねばならない試合だったが、残念ながらアーセナルは結果を出せなかった。ラムズデールの致命的なミスがあり、サウサンプトンは開始1分以内で先制。3–1でリードされた試合を終盤で同点にしたが、気持ちが高揚する試合ではなかった。

タイトル獲得の可能性は潰えていなかったが、突然それが遠ざかったように感じられた。フォレストとの引き分けの後、マンチェスター・シティは6連勝を達成していた。グアルディオラのチームは、2試合の消化試合を残した状態で、アーセナルに5ポイント差と迫っていた。エティハドでのゲームは、勝者がタイトルを勝ち取るものではなかった。しかしこの数週間の試合内容が、そう感じさせるようになっていた。アーセナルにとっては勝利、もしくは少なくとも引き分けが必要であった。両チームの状態を考えると、アーセナルにとっては苦しい試合になると予想された。

サリバの不在が、アーセナルを悩ませた。ホールディングは全力を尽くしたが、サリバの穴は大きかった。彼の不在は守備だけでなく、攻撃のリズムも崩していた。カバー能力に優れたサリバがチームにいれば高いラインを保ちやすく、ボールをコントロールしやすくなった。しかしサリバが不在となればラインが下がり、周囲の選手は神経質になり、ゲームの展開も遅くなった。

マンチェスター・シティ戦では、「アルテタが何か違ったことにトライするのではないか」という期待感があった。以前、アルテタはシティとの対戦で奇策を仕掛けていたからだ。しかし、このゲームではシーズンの大部分で使ってきたシステムに固執してしまい、ホールディングが再びセンターバックに選ばれた。試合前には期待感が高く、アーセナルはクラブの歴史に名を刻むチャンスがあると信じていた。しかし、マンチェスター・シティはアーセナルを容赦なく圧倒した。1−4という試合結果だったが、もっと差が開く可能性もあった。シティは素晴らしいチームだった。

「より優れたチームが、試合に勝った。特に前半、彼らのプレーは最高レベルだった。私たちのパフォーマンスは本来のものとは遠いものとなっていた。その差は大きすぎた」

とアルテタはシティの力、そしてアーセナルの力不足を認めた。

アーセナルは依然としてリーグ首位をキープしていたものの、シティは未消化の試合を2試合残しており、勝ち点の差は2しかなかった。勢いは、完全にマンチェスター・シティに傾いていた。アーセナルには5試合残っており、アルテタもすべてに勝たなければならないだろうとコメントしていた。もしアーセナルがベストを尽くしても、優勝するにはシティが複数回の失敗を重ねる必要があった。

3連覇を目指すシティは、タイトルをエティハドに持ち帰ろうとしていた。長い期間リードしてきて最後にチャンスを失うことは、アーセナルにとって酷なことであった。しかし、アーセナルはタイトルを「失った」のではない。グアルディオラのチームがタイトルを「奪った」のだ。アーセナルはエティハドでのゲーム直前、3試合でタイトルへの道を失った。彼らの勢いは失われ、一方で、シティは最高潮に達していた。

タイトルを獲得するには、完璧に近いパフォーマンスが求められる。これは、リバプールが以前に痛感したことだ。アーセナルは素晴らしかったが、完璧ではなかった。今後、このような素晴らしいシーズンが失われないようにすることがアーセナルにとって鍵となる。

アーセナルはシティに敗れた夜、他会場の結果によってチャンピオンズリーグの出場権を獲得した。シーズンの開始時、チャンピオンズリーグに出場することは重要な目標だった。アーセナルは2017年以来、ヨーロッパ最高峰のリーグに戻るために努力を続けてきた。それは彼らが過ごしてきた素晴らしいシーズンの結果であり、アルテタは選手たちにそれを覚えておくように言った。彼はタイトルレースから完全に撤退するつもりは毛頭なかった。

猛追するシティに敗れ、タイトルを逃す

「私たちは難しい目標を達成しており、プレミアリーグのタイトルについても可能性は残っている。まだ多くのことが起こるだろう。私たちがしなければならないことは、起こったことを忘れて、物事を修正することだ」

と、アルテタはチェルシー戦の前にコメントした。

彼らは3－1でチェルシーに勝利し、4試合連続で勝利がなかったチームを上昇気流に乗せようとした。さらにニューカッスルとのゲームも、敵地のセントジェームズ・パークで2－0で勝利した。アウェイのムードに満ちた中で結果を

出さなければならない、難しいゲームだった。特に前のシーズンの、ニューカッスルでの辛い記憶を考えると、アーセナルの心は折れてしまいそうだった。彼らは試練に立ち向かい、タイトルの夢を1週間生き延びさせる勝利を手にした。

しかしマンチェスター・シティは、無情にも勝ち続けていた。彼らはリーグ戦で10連勝すると、グディソン・パークでエヴァートンを3－0で倒した。マンチェスター・シティはマドリードでチャンピオンズリーグの準決勝を終えており、加えてエヴァートンがまだ残留争いをしていたので、この試合が唯一の落とし穴だと考えられていた。

アーセナルは同日、ブライトンをホームに迎える予定だった。シティがエヴァートンに敗北することをサポーターたちは願うばかりだった。アーセナルはスタジアムと周辺のバーを普段より早めの時間にオープンし、ファンがスクリーンで試合を観戦できるようにした。しかし、シティが苦しむことなくエヴァートンを粉砕したことは、アーセナルに衝撃を与えた。そしてスタジアムにいる全員から希望が失われ、1時間後にはピッチでも辛いゲームが待っていた。

彼らは後半にリードを奪われると、戦意を喪失していた。結局0－3で敗戦し、すべてが終わった。シティはタイトルを獲得していなかったが、残りは1試合で勝ち点を得るだけだった。ブライトン戦後の記者会見は、私が見た中でも最も落胆した雰囲気が漂っており。アルテタは、明らかに打ちのめされていた。

「今日は、特に後半のパフォーマンスについて、ファンに謝罪しなければならない。人々が何かを期待してくれているときに、失望させてしまった。それを後悔しており、謝罪しなければならない」

タイトルがシティに近づいているのは避けられないことであり、アーセナルがノッティンガム・フォレストに0-1で敗れたことで、それは決定的なものになった。チーム全体が息切れしてしまったような、低調なパフォーマンスだった。アルテタは事態を変えようとしていた。1月に加入したセンターバックのヤクブ・キヴィオルが左サイドバックに入り、パーティを右サイドバックで起用し、ホワイトとガブリエウがセンターバックを組んだ。しかし、これらの変更は違いを生まなかった。アーセナルはボールを長い時間保持していたが、前半にリードされた後、追いつく力は残っていなかった。良いシーズンがこのように終わるのは、残念なことだった。

しかし、重要なのは少しでも良い雰囲気でシーズンを終えることだった。あと

1試合残っており、サポーターも選手も、エミレーツで「パーティー」をしたいと思っていた。スタジアムには高揚感が漂っており、ファンは驚くべき結果を出した今シーズンを祝いたいと考えていた。そして試合前に話題になったのは、夏にドイツに移籍するジャカのラストゲームになるということだった。だからこそ彼がアーセナルの5得点のうち、2点を決めたのは、まさにこの試合に相応しかった。

ジャカが後半に交代したときの光景は、印象的だった。エミレーツで「グラニト・ジャカ、チームに残ってくれ!!」というチャントが響き渡る中、ジャカは名残惜しそうにピッチを去っていった。4年前、クリスタル・パレスとのゲームで交代された後、嘲笑やブーイングを浴びながらピッチを去っていった事件を思い出さずにはいられなかった。ジャカの復活は、2019年にアルテタが就任してからチームが経験した革新の象徴でもあった。かつて分裂していたクラブは、再び結束していた。アルテタが試合後にファンの前に姿を現したとき、サポーターは彼の名前を歌い続けていた。誰もが立ち上がり、アルテタを称えていた。その時の気持ちは彼の言葉からも伝わってきた。

「ただ、感謝を伝えたい。このサッカークラブの魂は、皆さんだ。私たちの目的は、このクラブに成功と喜び、そしてタイトルを取り戻すことだ。その挑戦を、皆さんも楽しんでほしい。私はこの旅を、スタッフやこのクラブの人々と一緒に歩めていることを、光栄に感じている」

試合後1時間が経過しても、ピッチの周囲はファンで溢れかえっていた。エミレーツがそれまで経験したことがない歓喜に満ち溢れていた。REDactionのレイモンド・ハーリヒーは、次のように述べている。

「素晴らしいシーズンを、ありがとうと伝えたかった。彼らは、たくさんの良い思い出を作ってくれた。私たちはタイトルを掴めると信じられたし、ブライトンやフォレストの試合を忘れるために最後の試合を5–0で終われたのも素晴らしかった。サポーターはただ、野心よりも、素晴らしいシーズンに感謝したかった。シーズンの26試合に勝ったことは信じられなかったし、感謝に値すると思っていた」

アーセナルの「挑戦」は続く

アーセナルは勝ち点84でシーズンを終えた。プレミアリーグ移行後、アーセナルの勝ち点がこれを上回っていたのは無敗優勝を成し遂げたシーズンと2021－22シーズンのみだ。そして38試合で、クラブ史上最高の88ゴールを記録した。彼らはリバプールに対して17ポイント、トッテナムに対して24ポイント、チェルシーに対して40ポイントの差をつけてシーズンを終え、2017年から遠ざかっていたチャンピオンズリーグへの出場権も獲得した。最終的にグアルディオラが率いるマンチェスター・シティにはあと一歩のところで届かなかったが、彼らを最後の最後まで追い詰めた。いくつかの重要な瞬間を思い出すと、もしかしたら状況が変わっていたかもしれないと考えてしまう。

アルテタがサリバをスポルティング戦で出場させていなければ、チームは勝ち続けられただろうか。もしサカがウェストハム戦でPKを決めていたらどうなっていただろう。またはリバプールがアンフィールドで同点ゴールを決めていなかったら……。

振り返るべき瞬間は少なくないが、それにしても三冠を達成したマンチェスター・シティはあまりに強かった。アーセナルはこの結果を決して恥じるべきではない。アーセナルの課題は、彼らが築いてきたことの先にある。たしかにプレミアリーグは過酷なリーグである。しかしアルテタはチームをもっと成長させられるはずだ。

不満や課題が積み重なった数年間を脱し、今、アーセナルは充実した時期を迎えている。トップレベルの若手選手が揃い、チームは彼らの長期的な活躍を確保するために努力してきた。過去にアーセナルは若手中心のエキサイティングなチームを構築したが、その後に解体されてしまった。しかし、もはやそれは過去のことだ。ガブリエウ、サカ、マルティネッリ、ラムズデール、サリバはアーセナルの長期的な計画を信頼しており、他の選手たちも彼らに続くはずだ。

しかし、なぜ彼らはチームに忠誠を誓っているのだろうか？

誰もがアーセナルでプレーしたいと願っている。そしてアーセナルに在籍している選手たちはこのクラブに残りたいと思っている。サカ、サリバ、マルティネッリは、今や世界の強豪クラブが熱望する選手に成長した。この3人は2023年に契約を更新しており、彼らは自分自身のキャリアを成功させるためにアーセナルを去らなければならないとは思っていない。むしろ、アーセナルで野望を実現できると彼らは信じている。

何よりも、アルテタという監督がアーセナルにいること、それが、彼らがアーセナルというクラブに残りたがる大きな理由だ。サカはクラブや代表で結果を残し、才能のある若手選手からスーパースターへの階段を駆け上がった。どのクラブでもプレーできるほど素晴らしい選手が、アーセナルでのプレーを望んでいる。そのことは、アルテタ、エドゥ、そしてクラブが進めてきた革新に対する最大の賛辞かもしれない。

そしてここ最近は、アーセナルへの加入を願う選手たちも増えている。マンチェスター・シティやバイエルン・ミュンヘンとの争奪戦をアーセナルが勝ち抜き、デクラン・ライス[68]のような選手が加入することは数年前では考えられなかった。しかし、本書の執筆時点では、アーセナルはライスとの巨額の契約に合意し、クラブ最高額の取引を完了しようとしている。ライスはマンチェスター・シティから強い関心を寄せられたのにもかかわらず、アーセナルへの加入を希望していた。これはアーセナルが現在どのように認識されているかを示す、重要な事

68 **デクラン・ライス** ウェストハムのキャプテンとして活躍していたプレミアリーグ屈指の守備的MF。この後実際にライスのアーセナル移籍は完了し、2023-24シーズンにはチームの絶大的な中心選手一人となった

実だ。さらにチェルシーからはカイ・ハヴァーツ、アヤックスからはユリエン・ティンバーを補強し、アルテタのチームは次の段階に進もうとしている。

2022–23シーズン、アーセナルは先頭を走り続けたが、ゴール前で躓いてしまった。しかしアルテタの野望は失われることはない。彼はチームが止まることを許さず、ヨーロッパのトップレベルに近づくために努力を積み重ねていく、ただそれだけを考えている。その道のりは長いものではあるが、アルテタは着実にチームを進歩させてきた。

今、アーセナルは強豪クラブとして、欧州サッカーの最前線に見事に帰還した。そして世界中のアーセナルファンにとって何よりも嬉しいのは、アルテタとアーセナルの「挑戦」がこれからも続くことだ。

訳者あとがきにかえて

選手時代の経験が築いたミケル・アルテタの「継続性」

結城康平

ペップ・グアルディオラの弟子であり、バルセロナの哲学を継ぐ新進気鋭の若手指導者。ミケル・アルテタは人々を驚かせるアイデアを披露し、プレミアリーグに新鮮な彩りを加えることを期待されていたはずだ。しかし、訳者が考える「本質的な彼の強み」は「継続性」だ。チームマネジメントにおいて妥協を許さないスタイルはグアルディオラからも学んだものだと思われるが、それ以上に彼のプロとしてのキャリア、そしてその経験から学んだことも少なくないだろう。バルセロナで長年を過ごしたグアルディオラはキャリアの晩年、イタリアのASローマやメキシコで違った価値観との出会いを経験し、その独特なフットボール観を醸成させてきた。一方でアルテタは、若くしてスコットランドの地へ。スコットランドの名門レンジャーズで、地面を震わせるような歓声が響くオールドファームダービーを経験した。時代の違いもあるが、よりクラシックな「司令塔」としてピッチを統率していたグアルディオラと比べて、アルテタは守備的なプレーにも対応しなければならなかった。細身のアルテタは、フットボールの劇的な変化を経験した一人だ。中盤の選手がフィジカル的な強さを求められるようになっていく時代に適応しなければならなかった彼は、レンジャーズ時代の経験を次のように振り返っている。

「ゲームを支配しようとしたが、難しかった。ゲームが全く止まらないんだ。ワンタッチしたら次、ツータッチしたら次の展開、タックル、シュート、コーナーキック。すべてがトップスピードで、クレイジーだったよ」

そこからソシエダに戻ったアルテタは、プレミアリーグへの挑戦を決める。スコットランド人のデイヴィッド・モイーズがエヴァートンで、アルテタの補強を望んだのだ。彼はアルテタにとって恩師となり、強い関係性を築くことになる。アーセナルでアルテタを支えていたスティーブ・ラウンドは2023年の夏にチームを離れたが、もともとはモイーズの右腕として彼のチームを支えていた。アルテタはモイーズについて次のように述べている。

「私はモイーズの人間性や価値観、マネジメントの方法を尊敬している。彼は人々をマネジメントすることが上手で、チームに文化を作っていた。選手同士の関係性が化学反応を発生させ、チームとして戦う価値観が存在していた。彼はハードワーカーであり、選手たちにも全力を求めていた」

スコットランドリーグでのプレーを経験し、スコットランド人指揮官の率いるチームへ。スコットランドという国は、多くの名将たちのキャリアに影響を与えてきた。あの名将サー・アレックス・ファーガソンの生まれ故郷であり、「スペシャル・ワン」ジョゼ・モウリーニョもスコットランドでコーチングライセンスを取得した。

そのキャリアにおいて、アルテタは多くの苦境を経験してきた。レンジャーズ時代にはマンチェスター・ユナイテッドと対戦したチャンピオンズリーグで、ロイ・キーンとポール・スコールズの中盤に圧倒された。ロイ・キーンは何度となくアルテタからボールを奪い、スコールズのパスで縦横無尽に走らされた。エヴァートンも中堅クラブであり、ボールを保持できるゲーム展開は少なかった。ロングボールを蹴らなければならないことも多く、アルテタが望むような細かいパスを繋ごうとしても、十分なサポートは得られなかった。しかし、厳しい環境に適応したアルテタはゲームを理解する力を武器に、正しいポジショニングでスペースを埋められる選手になった。守備での競り合いは少なくても、相手が使いたいスペースを塞ぐことで中盤のバランスを保ちながら、正確なパスでチームを助けていた。その地道な努力によって彼はトップクラブに認められる選手に成長し、アーセナルに加入する。その先は、本書を読んでもらうべきだろう。アルテタは選手として「中小クラブ」で過ごした時間が長く、だからこそ苦しんでいたアーセナルには相応しい人材だった。彼はモイーズが少しずつエヴァートンを改善していったプロセスを経験しており、だからこそアーセナルでも大物選手を平等にマネジメントした。若い監督とは思えない忍耐力は、彼がプレーヤーとしても忍耐を繰り返していたからこそ、育まれたものだろう。

そして選手としての特性や経験は、チームの戦術にも受け継がれている。後方からのビルドアップを重視するのはスペイン人らしいところで、バルセロナのDNAだろう。しかし一方で、グアルディオラのように斬新なアイデアを披露することは多くない。加入当初は3バックでチームを整えようとしていたのも、堅実なアプローチだった。そして継続性という面で、今のアーセナルを象徴しているのが堅実な守備とハイプレスだろう。そのハイプレスはグアルディオラのチーム以上に激しく、むしろリバプールのユルゲン・クロップに近い。そしてアルテタは、チームにその熱を伝播させてきた。アーセナルはハードワークを厭わないチームに生まれ変わり、その激しさは欧州トップクラスにも通用するようになっている。ビエルサやクロップのチームを思い出させるような長距離のランとハイプレスこそ、アルテタが継続的にチームを鍛えてきた結果だ。そして、一撃必殺のショートカウンターで相手の喉元に喰らいつく。マンチェスター・シティやバイエルン・ミュンヘンであっても、そのカウンターを警戒しながらゲームを運ぶようになっている。守備面ではベン・ホワイトや冨安をサイドバックに起用することで、相手のウイングを抑えることに成功してきた。そしてサリバとガブリエウが支える守備組織は、プレミアリーグ屈指の安定感を誇るようになった。マンチェスター・シティを無失点に抑えたパフォーマンスは圧巻で、まるでイタリアが伝統的に誇るカテナチオのように、徹底的にスペースを消してしまった。カイ・ハバーツとウーデゴールは献身的に前線からのプレッシャーを継続し、相手チームを苦しめている。グアルディオラの美しさとモイーズの実直さ、その両方を兼ね備えたアルテタのチームは、リバプールとマンチェスター・シティが牽引していたプレミアリーグに驚きを提供し、三つ巴の魅力的な優勝争いを提供している。

クロップがラストシーズンになることを表明し、一つの物語が終わりを告げようとしている。グアルディオラも消耗の激しいプレミアリーグで指揮官としてのキャリアを続けるには、少しずつ年老いているのは事実だ。そしてチームという面でも、リバプールではファン・ダイクやモハメド・サラー、マンチェスター・シティではデ・ブライネやロドリのように、中核となっていた選手がベテランに近づいてきている。そういう意味では指揮官が若く、チーム全体も若いアーセナルというチームが、数年後のプレミアリーグを牽引することになる可能性は高い。アーセナルの復権は期待されていたが、誰もがここまでのスピードで優勝争いに戻ってくることを予想してはいなかったはずだ。

アルテタが取り戻したアーセナルの誇り

山中拓磨

2016年5月に行われたプレミアリーグ最終節、アストン・ヴィラ相手の試合がミケル・アルテタにとって、アーセナルの選手として最後の試合となった。この試合後、アルテタは現役引退の表明と共に「この数か月間、私はアーセナルの選手としてピッチに立ち続けるレベルにはない、と感じていた。このクラブでプレーするためには、自分のポジションで最高の選手でいる必要があるし、それができないのであれば去らなくてはならない」と述べ、その後「アーセナルでプレーするためには80％ではなく、100％でなくてはならない。100％のパフォーマンスができなくなったらこのチームには相応しくない」とも続けた。これらの言葉は、監督となった今も変わらずアルテタが示し続けている、彼のサッカーに対する真摯な姿勢や哲学、そしてアーセナルというクラブへの想いを非常によく表しているように思う。

バルセロナのアカデミーで育ちながらもなかなかチャンスを得られず、レンジャーズやエヴァートンで長くプレーしたのちに、29歳という選手キャリアも終盤に差し掛かった頃にアーセナル移籍を勝ち取った、という経緯が影響しているのかもしれないが、ミケル・アルテタは、他の誰よりもアーセナルの一員であることの重みやそれに伴う責任を理解していた人物だった。

選手としてクラブに在籍していた時から何度かアルテタは、イギリスで暮らし始めて以降はアーセナルでプレーすることをずっと夢見ていた、と話した。もちろん、クラブ加入時のインタビューなどで、アーセナルでプレーできるのは本当に名誉なことだ、と話す選手は他にも多くいたが、彼らにもプライドがあるしサッカー選手としての仕事があり、家族もいる。

2010年代のアーセナルはすでに最後にリーグ優勝を果たしてからかなりの時間が経っており、リーグ戦で4位以内に入ることでチャンピオンズリーグ出場権こそ得ていたものの、そのチャンピオンズリーグでもほぼ毎年ベスト16で敗退しており、すでに黄金時代の過ぎ去ったクラブというイメージが定着しつつあった。

当時は、アーセナルで活躍した選手たちがより高額な給与やタイトル獲得の可能性を求めてクラブを去っていく、というのも日常茶飯事となっていた。そんななか、アルテタが繰り返し口にしたアーセナルへの憧憬とも呼べるような感情はある種、新鮮だった。そして何よりも、アルテタはアーセナルでプレーするためにあらゆる犠牲をささげる覚悟があると、言葉だけではなく、実際にその行動で示した選手だった。本書内でも契約時のボーナスの条件面についてのやり取りに関して触れられていたが、アルテタはアーセナル加入を実現させるために給与カットを受け入れており、さらに象徴的なのはアルテタがクラブで任されることとなった役割だ。アルテタは選手としてのキャリア前期は、得点やアシストを多く記録するようなMFだったが、アーセナルでは少しずつポジションを後ろに移し、最終的には主に守備的なMFとしてプレーした。高い機動力やボール奪取力があるわけでもなく、生まれついての守備的MFというわけでもないにもかかわらず、この位置でのプレーがメインとなったのは、当時のアーセナルのチーム事情が理由だろう。

もしアルテタの守備の負担を減らすような布陣でチームがプレーしていれば、アーセナルでも得点やアシストは大きく伸びていたはずだ。実際に、中盤の守備を固める役割を担ったアレックス・ソングと同時に起用され、より攻撃に絡む機会の多かったアーセナル移籍初年度、2011–12シーズンにアルテタはプレミアリーグ29試合で6ゴール3アシストという数字を記録している。だが、そのソングはバルセロナへと去り、その後のアーセナルは数多くの攻撃的MFを抱えていた一方で、フランシス・コクランが散発的に活躍した一時期を除けば専任の守備的MFが不在、という状態が続いた。そのため結果的にアルテタがこのポジションで起用されることとなったが、それでも彼は全く不満げな様子などを見せることはなかった。新聞の見出しを才能あふれる若手アタッカー達に譲りつつ、黙々と自身の役目を果たし続けた。細かくパスを繋いで試合のリズムを作り、ときにはチームのためにスペースを埋め、後ろに控えて攻撃時のリスクを管理する役割にも回った。何故なら、それがチームにとって必要な仕事だったからだ。

彼は、サッカーにおける献身性というのは何もピッチを縦横無尽に駆け回り、タックルに飛び込むことがすべてではないのだ、というのを身をもって示した選手だった。アルテタの言葉には常に行動が伴い、言葉だけでなく行動でクラブに尽くした。そういった点で彼は、真の意味での「アーセナルマン」だった。

そして、それはアーセナルの監督となった今も変わっていない。アルテタはクラブのキャプテンとして、そして監督として、周囲の選手たちやスタッフに非常に高い水準の仕事を要求する。だがそれは、自身が他の誰よりも高い水準で仕事を遂行しており、かつ全員が同じ水準にあることがアーセナルを成功に導くために必要不可欠だということを知っているからだ。

監督としてのアルテタのキーワードともなった「妥協できないポイント」というのはピッチ上でのプレーに関してのものではなく、より態度面やアーセナルの選手としてあるべきプロフェッショナルな姿勢に焦点を当てたものだった。アルテタはアーセナル監督就任後、エジルとオーバメヤンという当時のチームのスター選手を、自身の要求水準に達していないとしてメンバーから外し、結果的に放出しているが、同じことをウナイ・エメリがエジルに対して試みた際には苛烈な批判が浴びせられ、最終的にエジルをチームに戻さざるを得なかった。

2人ともチームメイトから非常に人気のあった選手だったはずだが、それでも、残った選手たちは監督を信頼することを選択した。それは、これらの決断は監督が自身の立場を確立するためにとったジェスチャーなどではなく、アルテタが真にクラブの成功のことを考えた末のものだったと納得していたからだろう。

ファンからの評価に関しても同じことが言える。アルテタの監督就任直後、アーセナルは2季連続リーグ8位に沈み、チャンピオンズリーグどころかヨーロッパリーグの出場権さえなかった年もあった。FAカップの優勝はあったとはいえ、数字だけ見れば、成績はアーセン・ベンゲルの後を継いだウナイ・エメリのアーセナルよりもさらに悪化していた。もし監督がアルテタ以外の人物であったとしたら、アルテタに示したのと同様の忍耐をクラブ上層部、そしてファンは示していただろうか。

もちろん、新人監督がアーセナルのようなクラブを再建するのにある程度の時間を必要とするのは当然だ、という前提はあったが、それを鑑みても、他の監督であればクラブを解任されていてもおかしくない状態だった。だが、クラブのオーナーと上層部はアルテタを信じ続けることを選択し、これに懐疑的な者もいたが、そこまで明確な反発の声がファンから上がることはなかった。

ペップ・グアルディオラに戦術の天才として太鼓判を押されたこともあって監督としての将

来性が期待されていたが、それ以上に、アーセナルファンはミケル・アルテタが他の誰よりもアーセナルを愛し、クラブの成功を切望している人物であることを知っていたからこそ、彼のことを信じることができた。

グアルディオラはアルテタがマンチェスター・シティでアシスタントコーチだったころのことを振り返って、「われわれはチームがゴールを決めると飛び跳ねて祝ったりするものだが、ミケルは1チームだけ例外があった。アーセナルが相手の時さ。私が席から立ち上がって振り返ると、いつも彼は静かに席に座っているんだ。この時彼は本当にアーセナルが好きなんだな、と思ったよ」と話している。

アルテタにとってアーセナルの監督の座というのは自身のキャリアにおける一つのステップなどではなかった。クラブを立て直すために彼がとったどのような施策も、彼が心の底からアーセナルにとって最善と信じるものであると、ファンは理解していたからこそ、それを支持し、受け入れることができた。

彼自身が、アーセナルの監督就任に当たっての自身の重要な仕事の一つとしてファンとのConnection（繋がり）を取り戻すことだと話しているが、それはここ最近のアーセナルにおいて、ファンとクラブの繋がりが失われていた、ということの裏返しでもある。

近年のアーセナルファンにとって、対立は日常的な光景になっていた。アーセン・ベンゲルはいつまで指揮を執るべきなのか、後任はウナイ・エメリで問題ないのか、ミケル・アルテタの経験不足は障害とならないのか。監督だけでなく、補強方針や、ピッチに立つ選手の大多数に関してもファンの意見は割れた。

だが、このような状況に終止符を打ったのがミケル・アルテタだった。彼はついにアーセナルサポーター全員が心の底から繋がりを感じることができ、全身全霊で応援することのできるチームを作り上げたのだ。もしかするとこれは、クラブの成績の向上や将来有望なスカッドの構築、トロフィーの獲得以上に重要な、彼のアーセナルでの最大の功績とすら言えるかもしれない。

アルテタはアーセナルでの監督就任会見で「ホームに帰ってきたよ。アーセナルで監督を務めるのはクラブを離れたその日から常に夢見ていた」と語り、アーセナルを去る際にクラブで働くスタッフに「外に出て学んでくるよ。ここに帰ってくる日のために準備をする」と話したと明かした。

アーセナルはクラブのルーツがイギリス王立兵器工場の労働者たちであったことからガナーズ（砲撃手）という愛称を持ち、そのためアーセナルでプレーする選手たちのことをガナーと呼ぶ。一方で、アーセナルサポーターはグーナーと呼ばれるが、アルテタはガナーであり、グーナーだった。彼はいつまでも、どこまでも、われわれアーセナルファンの一員だった。そんな

彼がアーセナルとアーセナルファンの繋がりを再び取り戻すことに成功したのは、当然と言えば当然なのかもしれない

優勝候補から陥落し、CL出場権を失い、アーセナルサポーターですらクラブのことを100%信じることができなくなっていた時期でも、ミケル・アルテタはアーセナルの一員として、ビッグクラブとしての誇りを決して失うことはなかった。選手時代も監督就任後も、現実を見据えつつもアルテタの心の中には常に、アーセナルの本来あるべき姿のビジョンがあったのだ。

もしアーセナルの歴史が一冊の本であるとすれば、ミケル・アルテタの章は非常に重要な転換点として語り継がれていくに違いない。ハーバート・チャップマン、ジョージ・グレアム、アーセン・ベンゲルといった過去の名だたる名将と同じく、アルテタは不振に陥る名門の再生を見事成し遂げたが、その後、前任者たちは、クラブにいくつものタイトルをもたらし、華々しい一時代を築き上げた。今後アルテタも彼らに続くことはできるのか、彼がアーセナルをどれほどの高みにまで導いてくれるのか、楽しみに見守っていきたいと思う。

著者

チャールズ・ワッツ

イギリス生まれ。「GOAL」のアーセナル特派員。
2002年より子ども向けの新聞社での勤務を発端に、ジャーナリストとしての活動をスタート。2005年にバークシャーの地元紙「レディング・クロニクル」に移り、レディングFCやノンリーグクラブを取材。2013年に「レディング・イヴニング・ポスト」紙のシニア・レディングFC記者として移籍するまでの数年間、バークシャー周辺の地方紙でサッカー記者として勤務。2017年にオンラインメディア「football.london」のアーセナル特派員として加わり、アーセナルを担当。現在はBBCやTalk Sportに出演するほか、個人のYouTubeやポッドキャスト番組『インサイド・アーセナル』などで活躍。本書は初の著書。
https://charleswatts.football/
X（旧Twitter）@charles_watts　https://twitter.com/charles_watts

訳

結城康平

宮崎県出身。ライターとして複数の媒体に寄稿しつつ、翻訳者・編集者としても活動。海外サッカー専門誌『フットボリスタ』で「TACTICAL FRONTIER 進化型サッカー評論」を連載中。Twitter（@yuukikouhei）のフォロワー数は4万人を超える。主な著書は『TACTICAL FRONTIER 進化型サッカー評論』『リバプールのすべて』『欧州サッカーの新解釈。ポジショナルプレーのすべて』（ソル・メディア）、『フットボール新世代名将図鑑』（カンゼン）『フットボールヴィセラルトレーニング』（カンゼン）など。アーセナルで好きだった選手は、サンティ・カソルラ。

山中拓磨

1992年、愛知県出身。高校・大学合わせてイングランドに計6年在住経験あり。通訳・翻訳者としても活動しながらサッカーライターとして『Number Web』や『フットボリスタ』等に寄稿。熱狂的なアーセナルファンで、サポーターになったきっかけは、自身の渡英の時期と同郷の宮市亮選手のアーセナル移籍が重なっていたこと。

ミケル・アルテタ
アーセナルの革新と挑戦

2024年6月12日　初版第1刷発行
2024年9月5日　初版第2刷発行

著者　チャールズ・ワッツ

訳　結城康平
山中拓磨

デザイン・本文レイアウト　三谷明里（ウラニワデザイン）

編集　平井瑛子（平凡社）

発行者　下中順平

発行所　株式会社平凡社
〒101-0051
東京都千代田区神田神保町3-29
電話　03-3230-6573［営業］
平凡社ホームページ　https://www.heibonsha.co.jp/

印刷　株式会社東京印書館

製本　大口製本印刷株式会社

【お問い合わせ】
本書の内容に関するお問い合わせは
弊社お問い合わせフォームをご利用ください。
https://www.heibonsha.co.jp/contact/

ISBN 978-4-582-62705-3

乱丁・落丁本のお取り替えは小社読者サービス係まで直接お送りください
（送料は小社で負担いたします）。